NE 능률

기본 연산 Check-Book

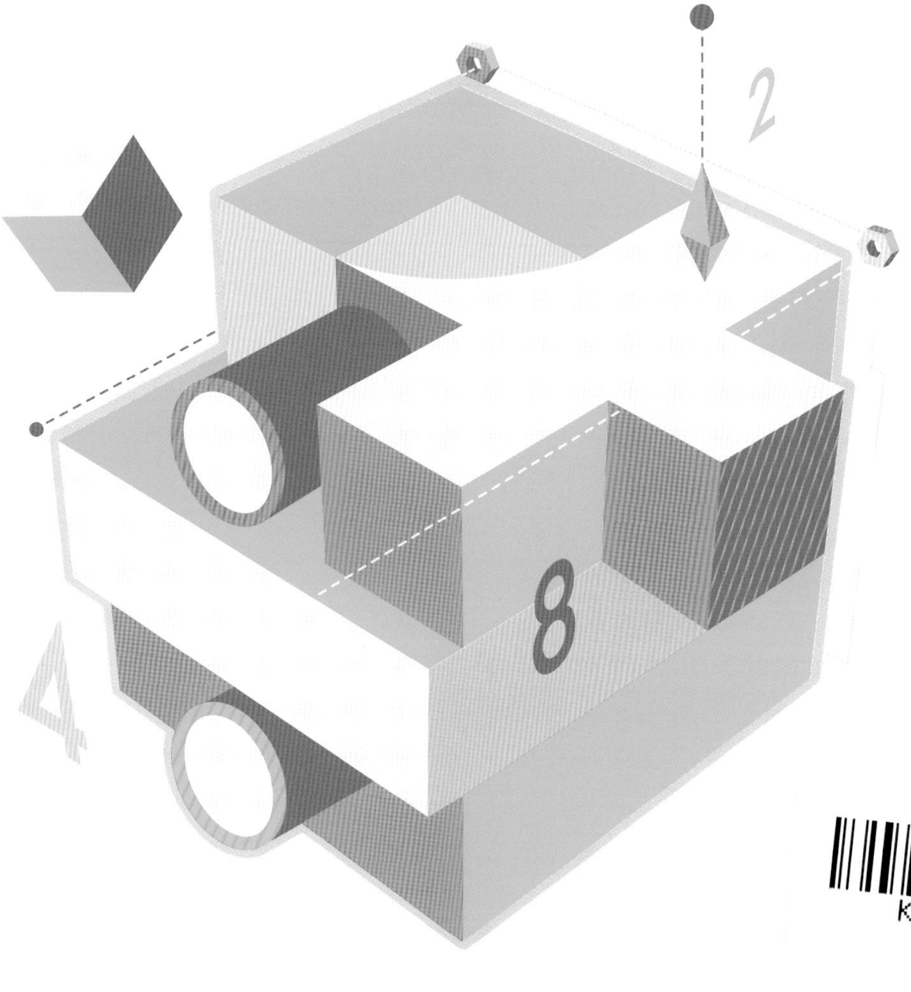

초등3 1호

세·네 자리 수의 덧셈과 뺄셈

1주 세·네 자리 수의 덧셈 (1)

❶ 몇백으로 어림

712+116

(800) 900

❷ 몇백으로 어림

102+699

700 800

❸ 182+298

400 500

❹ 228+485

600 700

❺ 393+607

1000 1100

❻ 292+312

500 600

❼ 125+198

200 300

❽ 516+396

900 1000

❾ 181+299

400 500

❿ 221+592

800 900

⓫ 684+108

700 800

⓬ 398+109

400 500

자르는 선

월 일

⑬ 몇백 몇십으로 어림

587+205

750 800

⑭ 몇백 몇십으로 어림

691+192

900 950

⑮ 208+563

700 750

⑯ 276+484

750 800

⑰ 714+238

950 1000

⑱ 466+124

600 650

⑲ 130+785

900 950

⑳ 316+504

850 900

㉑ 254+147

400 450

㉒ 189+373

550 600

㉓ 692+143

800 850

㉔ 477+234

650 700

자르는 선

2주 세·네 자리 수의 덧셈 (2)

❶ $341 + 239 = \square$

❷ $269 + 729 = \square$

❸ $614 + 173 = \square$

❹ $595 + 826 = \square$

❺ $318 + 491 = \square$

❻ $407 + 984 = \square$

❼ $752 + 345 = \square$

❽ $105 + 576 = \square$

❾ $253 + 129 = \square$

❿ $674 + 147 = \square$

⓫ $517 + 583 = \square$

⓬ $731 + 185 = \square$

⓭ $656 + 162 = \square$

⓮ $712 + 589 = \square$

⓯ $519 + 332 = \square$

⓰ $633 + 174 = \square$

⓱ $784 + 892 = \square$

⓲ $293 + 120 = \square$

⓳ $436 + 525 = \square$

⓴ $582 + 934 = \square$

자르는 선

월 일

㉑ $\begin{array}{r} 137 \\ +682 \\ \hline \square \end{array}$ ㉒ $\begin{array}{r} 421 \\ +389 \\ \hline \square \end{array}$ ㉓ $\begin{array}{r} 284 \\ +553 \\ \hline \square \end{array}$ ㉔ $\begin{array}{r} 559 \\ +225 \\ \hline \square \end{array}$

㉕ $\begin{array}{r} 323 \\ +594 \\ \hline \square \end{array}$ ㉖ $\begin{array}{r} 108 \\ +495 \\ \hline \square \end{array}$ ㉗ $\begin{array}{r} 614 \\ +297 \\ \hline \square \end{array}$ ㉘ $\begin{array}{r} 252 \\ +314 \\ \hline \square \end{array}$

㉙ $\begin{array}{r} 523 \\ +168 \\ \hline \square \end{array}$ ㉚ $\begin{array}{r} 678 \\ +381 \\ \hline \square \end{array}$ ㉛ $\begin{array}{r} 128 \\ +734 \\ \hline \square \end{array}$ ㉜ $\begin{array}{r} 244 \\ +687 \\ \hline \square \end{array}$

㉝ $\begin{array}{r} 453 \\ +437 \\ \hline \square \end{array}$ ㉞ $\begin{array}{r} 117 \\ +892 \\ \hline \square \end{array}$ ㉟ $\begin{array}{r} 213 \\ +698 \\ \hline \square \end{array}$ ㊱ $\begin{array}{r} 647 \\ +160 \\ \hline \square \end{array}$

㊲ $\begin{array}{r} 572 \\ +249 \\ \hline \square \end{array}$ ㊳ $\begin{array}{r} 446 \\ +310 \\ \hline \square \end{array}$ ㊴ $\begin{array}{r} 921 \\ +137 \\ \hline \square \end{array}$ ㊵ $\begin{array}{r} 803 \\ +783 \\ \hline \square \end{array}$

자르는 선

3주 세·네 자리 수의 뺄셈 (1)

❶ 몇백으로 어림

658 − 152

500 (circled) 600

❷ 몇백으로 어림

639 − 231

400 500

❸ 776 − 457

200 300

❹ 934 − 712

100 200

❺ 1409 − 891

500 600

❻ 813 − 387

300 400

❼ 533 − 231

200 300

❽ 894 − 177

600 700

❾ 915 − 189

600 700

❿ 758 − 563

100 200

⓫ 823 − 503

200 300

⓬ 1699 − 717

900 1000

자르는 선

월 일

몇백 몇십으로 어림

⑬ 567－116

450 500

몇백 몇십으로 어림

⑭ 896－349

500 550

⑮ 978－282

700 750

⑯ 476－125

300 350

⑰ 518－224

250 300

⑱ 957－351

600 650

⑲ 703－146

550 600

⑳ 1221－406

750 800

㉑ 741－286

400 450

㉒ 511－112

400 450

㉓ 857－163

700 750

㉔ 558－136

350 400

자르는 선

4주 세·네 자리 수의 뺄셈 (2)

❶ $\begin{array}{r} 747 \\ -369 \\ \hline \end{array}$

❷ $\begin{array}{r} 1293 \\ -594 \\ \hline \end{array}$

❸ $\begin{array}{r} 364 \\ -172 \\ \hline \end{array}$

❹ $\begin{array}{r} 785 \\ -493 \\ \hline \end{array}$

❺ $\begin{array}{r} 377 \\ -139 \\ \hline \end{array}$

❻ $\begin{array}{r} 991 \\ -795 \\ \hline \end{array}$

❼ $\begin{array}{r} 284 \\ -157 \\ \hline \end{array}$

❽ $\begin{array}{r} 725 \\ -367 \\ \hline \end{array}$

❾ $\begin{array}{r} 819 \\ -537 \\ \hline \end{array}$

❿ $\begin{array}{r} 1196 \\ -797 \\ \hline \end{array}$

⓫ $\begin{array}{r} 926 \\ -653 \\ \hline \end{array}$

⓬ $\begin{array}{r} 822 \\ -415 \\ \hline \end{array}$

⓭ $\begin{array}{r} 987 \\ -629 \\ \hline \end{array}$

⓮ $\begin{array}{r} 1334 \\ -845 \\ \hline \end{array}$

⓯ $\begin{array}{r} 718 \\ -259 \\ \hline \end{array}$

⓰ $\begin{array}{r} 403 \\ -299 \\ \hline \end{array}$

⓱ $\begin{array}{r} 667 \\ -489 \\ \hline \end{array}$

⓲ $\begin{array}{r} 981 \\ -782 \\ \hline \end{array}$

⓳ $\begin{array}{r} 592 \\ -118 \\ \hline \end{array}$

⓴ $\begin{array}{r} 1625 \\ -947 \\ \hline \end{array}$

자르는 선

월 일

㉑ $\begin{array}{r} 492 \\ -197 \\ \hline \square \end{array}$

㉒ $\begin{array}{r} 389 \\ -194 \\ \hline \square \end{array}$

㉓ $\begin{array}{r} 802 \\ -465 \\ \hline \square \end{array}$

㉔ $\begin{array}{r} 581 \\ -293 \\ \hline \square \end{array}$

㉕ $\begin{array}{r} 786 \\ -528 \\ \hline \square \end{array}$

㉖ $\begin{array}{r} 713 \\ -582 \\ \hline \square \end{array}$

㉗ $\begin{array}{r} 555 \\ -236 \\ \hline \square \end{array}$

㉘ $\begin{array}{r} 1475 \\ -887 \\ \hline \square \end{array}$

㉙ $\begin{array}{r} 1161 \\ -673 \\ \hline \square \end{array}$

㉚ $\begin{array}{r} 856 \\ -673 \\ \hline \square \end{array}$

㉛ $\begin{array}{r} 487 \\ -229 \\ \hline \square \end{array}$

㉜ $\begin{array}{r} 697 \\ -498 \\ \hline \square \end{array}$

㉝ $\begin{array}{r} 1336 \\ -758 \\ \hline \square \end{array}$

㉞ $\begin{array}{r} 562 \\ -136 \\ \hline \square \end{array}$

㉟ $\begin{array}{r} 934 \\ -552 \\ \hline \square \end{array}$

㊱ $\begin{array}{r} 534 \\ -124 \\ \hline \square \end{array}$

㊲ $\begin{array}{r} 634 \\ -268 \\ \hline \square \end{array}$

㊳ $\begin{array}{r} 718 \\ -525 \\ \hline \square \end{array}$

㊴ $\begin{array}{r} 1021 \\ -348 \\ \hline \square \end{array}$

㊵ $\begin{array}{r} 876 \\ -207 \\ \hline \square \end{array}$

자르는 선

5주 세·네 자리 수의 덧셈과 뺄셈 (1)

❶ □ + 193 = 1049 ⟷ 1049 − □ = 193

❷ □ + 214 = 661 ⟷ 661 − □ = 214

❸ □ + 416 = 761 ⟷ 761 − □ = 416

❹ □ + 328 = 1085 ⟷ 1085 − □ = 328

❺ □ + 624 = 930 ⟷ 930 − □ = 624

❻ □ + 236 = 662 ⟷ 662 − □ = 236

❼ □ + 383 = 1191 ⟷ 1191 − □ = 383

❽ □ + 178 = 759 ⟷ 759 − □ = 178

❾ □ + 358 = 735 ⟷ 735 − □ = 358

자르는 선

월 일

⑩ $\square + 437 = 644$ ⟷ $644 - \square = 437$

⑪ $\square + 262 = 851$ ⟷ $851 - \square = 262$

⑫ $\square + 814 = 1132$ ⟷ $1132 - \square = 814$

⑬ $\square + 239 = 766$ ⟷ $766 - \square = 239$

⑭ $\square + 201 = 583$ ⟷ $583 - \square = 201$

⑮ $\square + 192 = 691$ ⟷ $691 - \square = 192$

⑯ $\square + 658 = 1415$ ⟷ $1415 - \square = 658$

⑰ $\square + 336 = 1016$ ⟷ $1016 - \square = 336$

⑱ $\square + 234 = 813$ ⟷ $813 - \square = 234$

자르는 선

6주 세·네 자리 수의 덧셈과 뺄셈 (2)

❶ 차 / 379 | 950 / 합

❷ 차 / 338 | 292 / 합

❸ 차 / 728 | 485 / 합

❹ 차 / 347 | 457 / 합

❺ 차 / 888 | 443 / 합

❻ 차 / 594 | 316 / 합

❼ 차 / 427 | 258 / 합

❽ 차 / 682 | 535 / 합

❾ 차 / 825 | 124 / 합

자르는 선

월 일

⑩ 차 / 453 | 213 / 합

⑪ 차 / 397 | 358 / 합

⑫ 차 / 409 | 315 / 합

⑬ 차 / 624 | 377 / 합

⑭ 차 / 239 | 515 / 합

⑮ 차 / 564 | 376 / 합

⑯ 차 / 843 | 216 / 합

⑰ 차 / 632 | 215 / 합

⑱ 차 / 596 | 458 / 합

자르는 선

7주 문해결 연산

❶

1	2	4
6	7	8

$\square\square\square + \square\square\square = 424$

$\square\square\square + \square\square\square = 1045$

❷

1	2	3
6	7	8

$\square\square\square - \square\square\square = 105$

$\square\square\square - \square\square\square = 656$

❸

2	3	5
6	7	9

$\square\square\square + \square\square\square = 959$

$\square\square\square - \square\square\square = 383$

❹

1	3	5
6	7	8

$\square\square\square - \square\square\square = 358$

$\square\square\square - \square\square\square = 407$

자르는 선

월 일

❺

2	3	4
5	7	8

$\square\square\square + \square\square\square = 803$

$\square\square\square + \square\square\square = 641$

❻

1	2	3
6	8	9

$\square\square\square - \square\square\square = 544$

$\square\square\square - \square\square\square = 309$

❼

1	2	5
6	8	9

$\square\square\square + \square\square\square = 1201$

$\square\square\square - \square\square\square = 546$

❽

1	2	4
5	7	8

$\square\square\square - \square\square\square = 364$

$\square\square\square - \square\square\square = 263$

자르는 선

8주 식으로 표현하기

❶ 253에 어떤 수를 더하였더니 838이 되었습니다. 어떤 수는 얼마입니까?

식 : ____________ 어떤 수 : ______

❷ 어떤 수에서 147을 빼었더니 670이 되었습니다. 어떤 수는 얼마입니까?

식 : ____________ 어떤 수 : ______

❸ 어떤 수에 428을 더하였더니 544가 되었습니다. 어떤 수는 얼마입니까?

식 : ____________ 어떤 수 : ______

❹ 217과 어떤 수의 합은 773입니다. 어떤 수는 얼마입니까?

식 : ____________ 어떤 수 : ______

❺ 376에서 어떤 수를 빼었더니 136이었습니다. 어떤 수는 얼마입니까?

식 : ____________ 어떤 수 : ______

❻ 384와 어떤 수의 차는 503입니다. 어떤 수는 얼마입니까?

식 : ____________ 어떤 수 : ______

❼ 어떤 수에서 302를 빼었더니 796이었습니다. 어떤 수는 얼마입니까?

식 : ____________ 어떤 수 : ______

자르는 선

월 일

❽ 994에서 어떤 수를 뺐더니 116이 되었습니다. 어떤 수는 얼마입니까?

식 : ______________ 어떤 수 : ______

❾ 어떤 수와 172의 합은 633입니다. 어떤 수는 얼마입니까?

식 : ______________ 어떤 수 : ______

❿ 어떤 수에 526을 더하였더니 819가 되었습니다. 어떤 수는 얼마입니까?

식 : ______________ 어떤 수 : ______

⓫ 265와 어떤 수의 합은 511입니다. 어떤 수는 얼마입니까?

식 : ______________ 어떤 수 : ______

⓬ 어떤 수에서 477을 뺐더니 546이 되었습니다. 어떤 수는 얼마입니까?

식 : ______________ 어떤 수 : ______

⓭ 209에 어떤 수를 더하였더니 622가 되었습니다. 어떤 수는 얼마입니까?

식 : ______________ 어떤 수 : ______

⓮ 765에서 어떤 수를 뺐더니 349가 되었습니다. 어떤 수는 얼마입니까?

식 : ______________ 어떤 수 : ______

자르는 선

정 답

1주 세·네 자리 수의 덧셈 (1)
1~2쪽

① 800 ② 800 ③ 500 ④ 700 ⑤ 1000 ⑥ 600 ⑦ 300 ⑧ 900 ⑨ 500
⑩ 800 ⑪ 800 ⑫ 500 ⑬ 800 ⑭ 900 ⑮ 750 ⑯ 750 ⑰ 950 ⑱ 600
⑲ 900 ⑳ 850 ㉑ 400 ㉒ 550 ㉓ 850 ㉔ 700

2주 세·네 자리 수의 덧셈 (2)
3~4쪽

① 580 ② 998 ③ 787 ④ 1421 ⑤ 809 ⑥ 1391 ⑦ 1097 ⑧ 681 ⑨ 382 ⑩ 821 ⑪ 1100 ⑫ 916
⑬ 818 ⑭ 1301 ⑮ 851 ⑯ 807 ⑰ 1676 ⑱ 413 ⑲ 961 ⑳ 1516 ㉑ 819 ㉒ 810 ㉓ 837 ㉔ 784
㉕ 917 ㉖ 603 ㉗ 911 ㉘ 566 ㉙ 691 ㉚ 1059 ㉛ 862 ㉜ 931 ㉝ 890 ㉞ 1009 ㉟ 911 ㊱ 807
㊲ 821 ㊳ 756 ㊴ 1058 ㊵ 1586

3주 세·네 자리 수의 뺄셈 (1)
5~6쪽

① 500 ② 400 ③ 300 ④ 200 ⑤ 500 ⑥ 400 ⑦ 300 ⑧ 700 ⑨ 700
⑩ 200 ⑪ 300 ⑫ 1000 ⑬ 450 ⑭ 550 ⑮ 700 ⑯ 350 ⑰ 300 ⑱ 600
⑲ 550 ⑳ 800 ㉑ 450 ㉒ 400 ㉓ 700 ㉔ 400

4주 세·네 자리 수의 뺄셈 (2)
7~8쪽

① 378 ② 699 ③ 192 ④ 292 ⑤ 238 ⑥ 196 ⑦ 127 ⑧ 358 ⑨ 282 ⑩ 399 ⑪ 273 ⑫ 407
⑬ 358 ⑭ 489 ⑮ 459 ⑯ 104 ⑰ 178 ⑱ 199 ⑲ 474 ⑳ 678 ㉑ 295 ㉒ 195 ㉓ 337 ㉔ 288
㉕ 258 ㉖ 131 ㉗ 319 ㉘ 588 ㉙ 488 ㉚ 183 ㉛ 258 ㉜ 199 ㉝ 578 ㉞ 426 ㉟ 382 ㊱ 410
㊲ 366 ㊳ 193 ㊴ 673 ㊵ 669

5주 세·네 자리 수의 덧셈과 뺄셈 (1)
9~10쪽

① 856, 856 ② 447, 447 ③ 345, 345 ④ 757, 757 ⑤ 306, 306 ⑥ 426, 426
⑦ 808, 808 ⑧ 581, 581 ⑨ 377, 377 ⑩ 207, 207 ⑪ 589, 589 ⑫ 318, 318
⑬ 527, 527 ⑭ 382, 382 ⑮ 499, 499 ⑯ 757, 757 ⑰ 680, 680 ⑱ 579, 579

6주 세·네 자리 수의 덧셈과 뺄셈 (2)
11~12쪽

① 571, 1329 ② 46, 630 ③ 243, 1213 ④ 110, 804 ⑤ 445, 1331 ⑥ 278, 910
⑦ 169, 685 ⑧ 147, 1217 ⑨ 701, 949 ⑩ 240, 666 ⑪ 39, 755 ⑫ 94, 724
⑬ 247, 1001 ⑭ 276, 754 ⑮ 188, 940 ⑯ 627, 1059 ⑰ 417, 847 ⑱ 138, 1054

7주 문해결 연산 (예시답안입니다. 계산 결과가 맞으면 정답입니다.)
13~14쪽

① 246, 178, 417, 628 ② 723, 618, 832, 176 ③ 362, 597, 752, 369 ④ 716, 358, 583, 176
⑤ 375, 428, 357, 284 ⑥ 813, 269, 628, 319 ⑦ 512, 689, 815, 269 ⑧ 542, 178, 721, 458

8주 식으로 표현하기
15~16쪽

① 253+□=838, 585 ② □−147=670, 817 ③ □+428=544, 116
④ 217+□=773, 556 ⑤ 376−□=136, 240 ⑥ □−384=503, 887
⑦ □−302=796, 1098 ⑧ 994−□=116, 878 ⑨ □+172=633, 461
⑩ □+526=819, 293 ⑪ 265+□=511, 246 ⑫ □−477=546, 1023
⑬ 209+□=622, 413 ⑭ 765−□=349, 416

사고셈

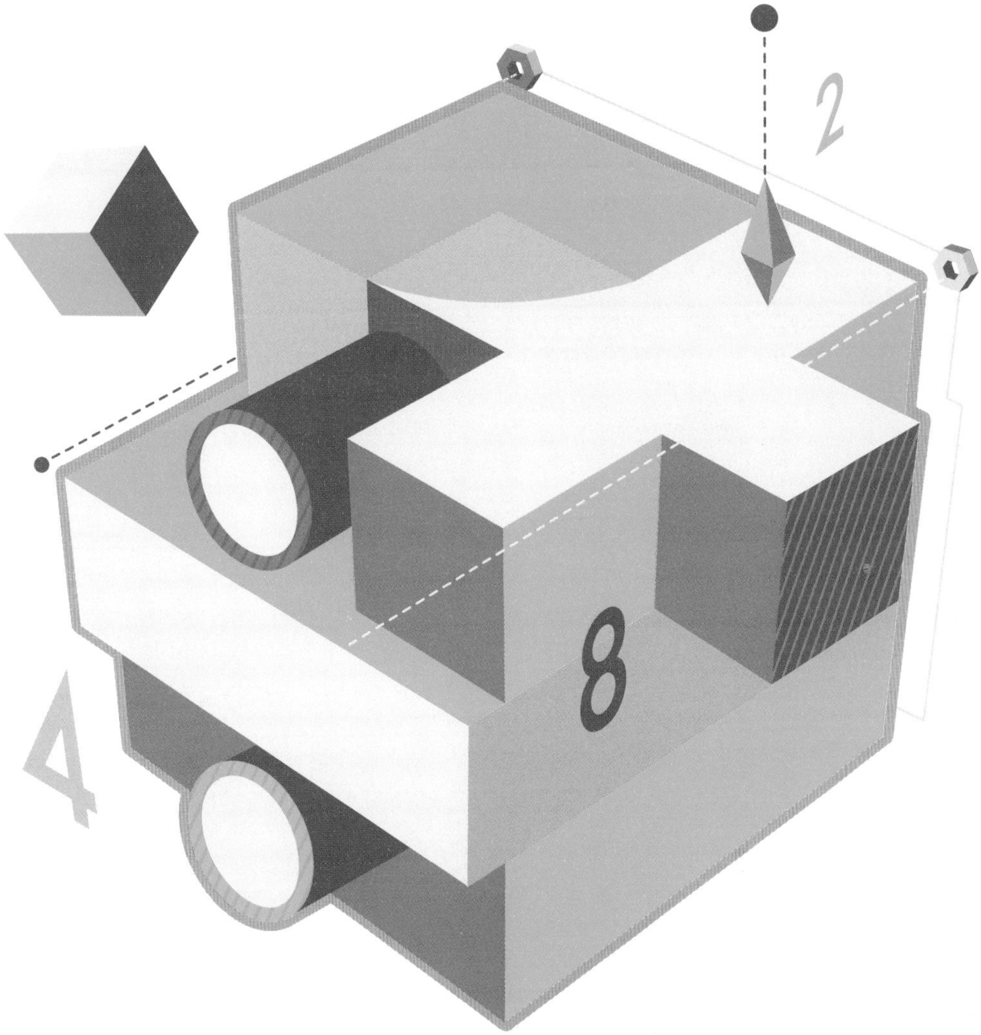

초등3 1호

이 책의 구성과 특징

생각의 힘을 키우는 사고(思考)셈은 1주 4개, 8주 32개의 사고력 유형 학습을 통해 수와 연산에 대한 개념의 응용력(추론 및 문제해결능력)을 키울 수 있도록 하였습니다.

사고력 연산

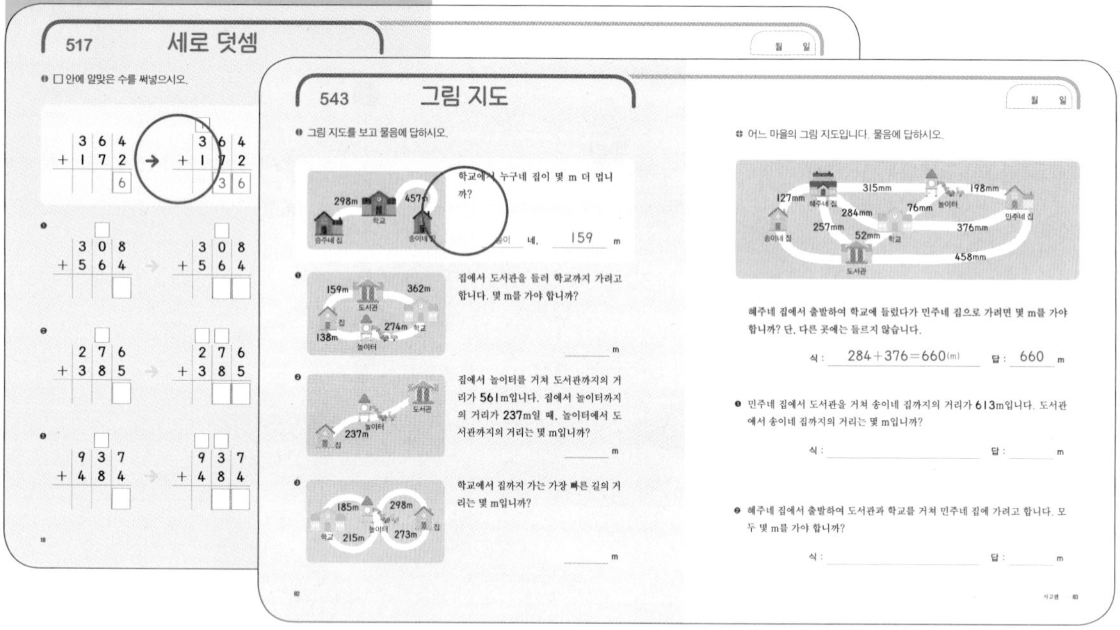
517 세로 덧셈

월 일

❶ □ 안에 알맞은 수를 써넣으시오.

	3	6	4
+	1	7	2
			6

→

	3	6	4
+	1	7	2
		3	6

❶ 308 + 564

❷ 276 + 385

❸ 937 + 484

543 그림 지도

월 일

❶ 그림 지도를 보고 물음에 답하시오.

학교에서 누구네 집이 몇 m 더 멉니까?

네, 159 m

❶ 집에서 도서관을 들러 학교까지 가려고 합니다. 몇 m를 가야 합니까?

m

❷ 집에서 놀이터를 거쳐 도서관까지의 거리가 561m입니다. 집에서 놀이터까지의 거리가 237m일 때, 놀이터에서 도서관까지의 거리는 몇 m입니까?

m

❸ 학교에서 집까지 가는 가장 빠른 길의 거리는 몇 m입니까?

m

❷ 어느 마을의 그림 지도입니다. 물음에 답하시오.

혜주네 집에서 출발하여 학교에 들렀다가 민주네 집으로 가려면 몇 m를 가야 합니까? 단, 다른 곳에는 들르지 않습니다.

식 : 284+376=660(m) 답 : 660 m

❶ 민주네 집에서 도서관을 거쳐 송이네 집까지의 거리가 613m입니다. 도서관에서 송이네 집까지의 거리는 몇 m입니까?

식 : 답 : m

❷ 혜주네 집에서 출발하여 도서관과 학교를 거쳐 민주네 집에 가려고 합니다. 모두 몇 m를 가야 합니까?

식 : 답 : m

- 대표 사고력 유형으로 연산 원리를 쉽게쉽게
- 1~4일차: 다양한 유형의 주 진도 학습

잘 공부했는지 알아봅시다.

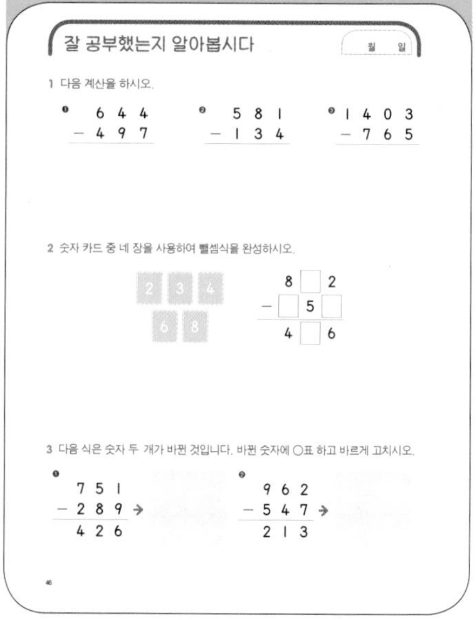
잘 공부했는지 알아봅시다

월 일

1 다음 계산을 하시오.

❶ 644 − 497 ❷ 581 − 134 ❸ 1403 − 765

2 숫자 카드 중 네 장을 사용하여 뺄셈식을 완성하시오.

2 3 4 6 8

8□2 − □5□ = 4□6

3 다음 식은 숫자 두 개가 바뀐 것입니다. 바뀐 숫자에 ○표 하고 바르게 고치시오.

❶ 751 − 289 = 426 → ❷ 962 − 547 = 213 →

- 5일차 점검 학습: 주 진도 학습 확인

권두부록 (기본연산 Check-Book)

기본연산 Check-Book

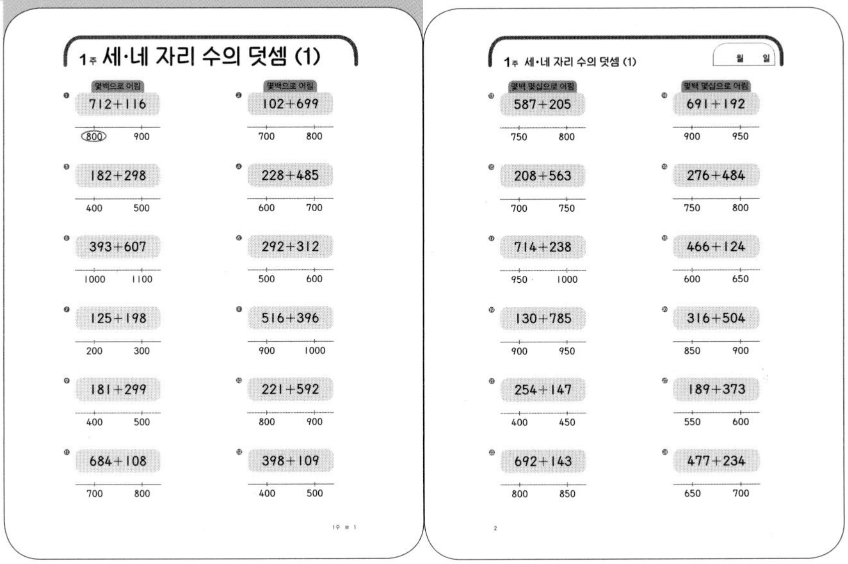

- 본 학습 전 기본연산 실력 진단

권말부록 (G-Book)

Guide Book(정답 및 해설)

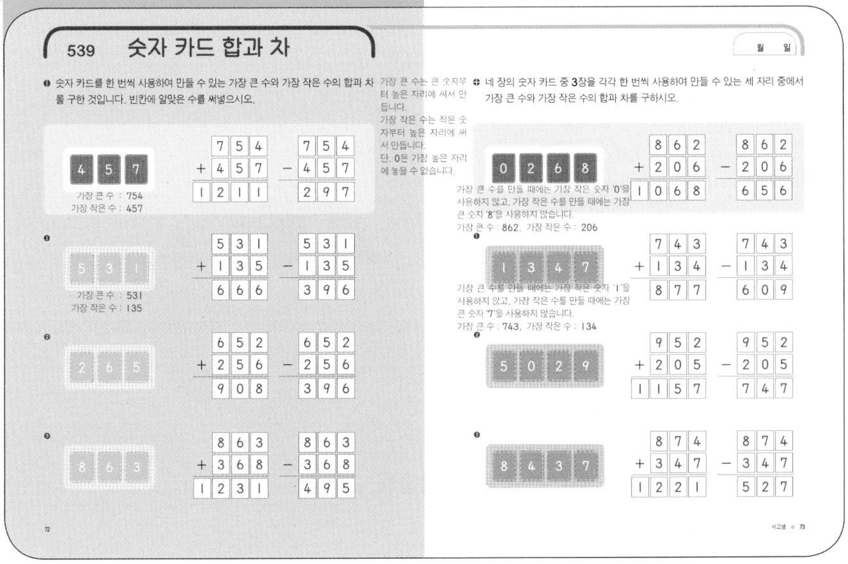

- 문제와 답을 한 눈에!
- 상세한 풀이와 친절한 해설, 답

학습 효과 및 활용법

학습 효과

사고셈

- 수학적 사고력 향상
- 생각의 다양성 향상
- 스스로 생각을 만드는 직관 학습
- 추론능력, 문제해결력 향상
- 연산의 원리 이해
- 수·연산 영역 완벽 대비
- 다양한 유형으로 수 조작력 향상
- 진도 학습 및 점검 학습으로 연산 학습 완성

주차별 활용법

1단계
기본연산 Check-Book으로 준비 학습

→

2단계
사고력 유형으로 진도 학습

→

3단계
마무리 문제로 점검 학습

1단계 : 기본연산 Check-Book으로 사고력 연산을 위한 준비 학습을 합니다.

2단계 : 사고력 유형으로 사고력 연산의 진도 학습을 합니다.

3단계 : 한 주마다 점검 학습(잘 공부했는지 알아봅시다)으로 사고력 향상을 확인합니다.

학습 구성

6세

1호	10까지의 수
2호	더하기 빼기 1과 2
3호	합이 9까지인 덧셈
4호	한 자리 수의 뺄셈과 세 수의 계산

7세

1호	한 자리 수의 덧셈과 뺄셈
2호	10 만들기
3호	50까지의 수
4호	더하기 빼기 1과 2, 10과 20

초등 1

1호	덧셈구구
2호	뺄셈구구와 덧셈, 뺄셈 혼합
3호	100까지의 수, 1000까지의 수
4호	받아올림, 받아내림 없는 두 자리 수의 계산

초등 2

1호	두 자리 수와 한 자리 수의 덧셈과 뺄셈
2호	두 자리 수의 덧셈과 뺄셈
3호	곱셈구구
4호	곱셈과 나눗셈 구구

초등 3

1호	세·네 자리 수의 덧셈과 뺄셈5
2호	분수와 소수의 기초
3호	두 자리 수의 곱셈과 나눗셈
4호	분수

초등 4

1호	분수의 덧셈과 뺄셈
2호	혼합 계산
3호	소수의 덧셈과 뺄셈
4호	어림하기

이 책의 학습 로드맵

START
시작

1주
세 • 네 자리 수의 덧셈 (1)

2주
세 • 네 자리 수의 덧셈 (2)

3주
세 • 네 자리 수의 뺄셈 (1)

4주
세 • 네 자리 수의 뺄셈 (2)

5주
세 • 네 자리 수의 덧셈과 뺄셈 (1)

6주
세 • 네 자리 수의 덧셈과 뺄셈 (2)

7주
문해결 연산

8주
식으로 표현하기

GOAL
완성

1 세·네 자리 수의 덧셈 (1)

513 풍선 터뜨리기

◐ 두 수의 합을 어림하여 점수의 범위에 맞게 풍선 두 개를 터뜨리시오.

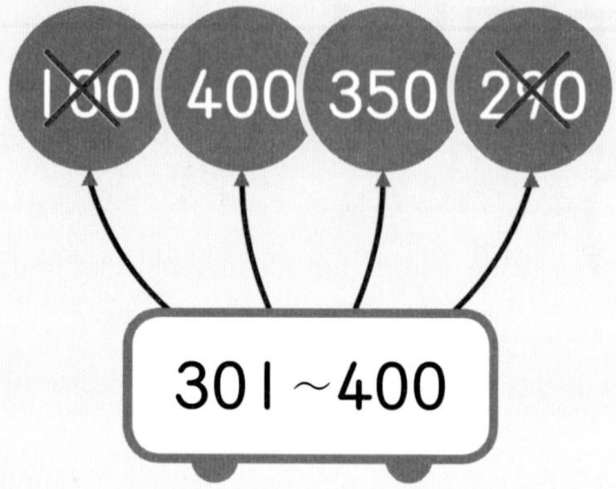

❶

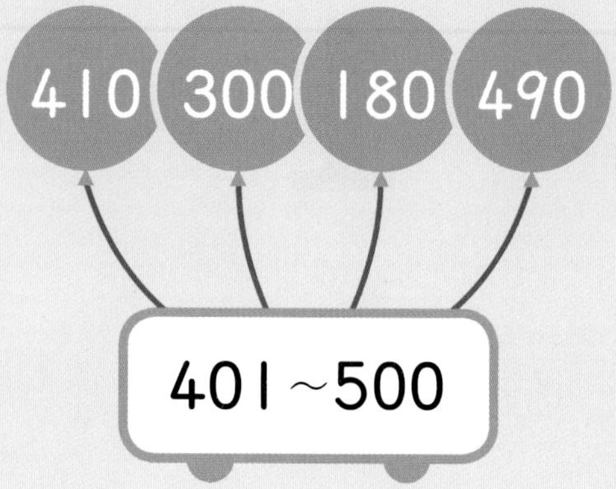

❷

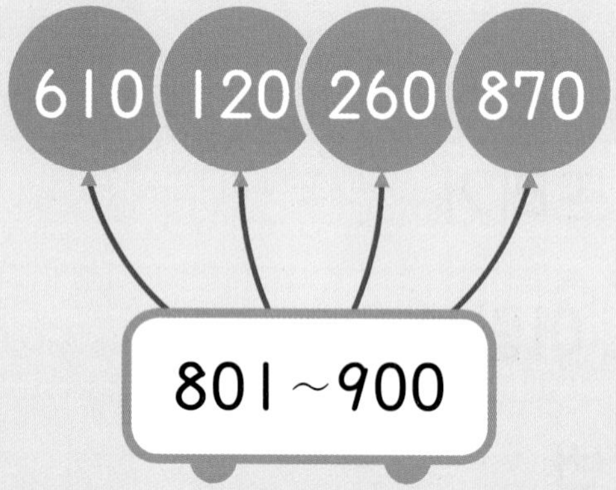

❸

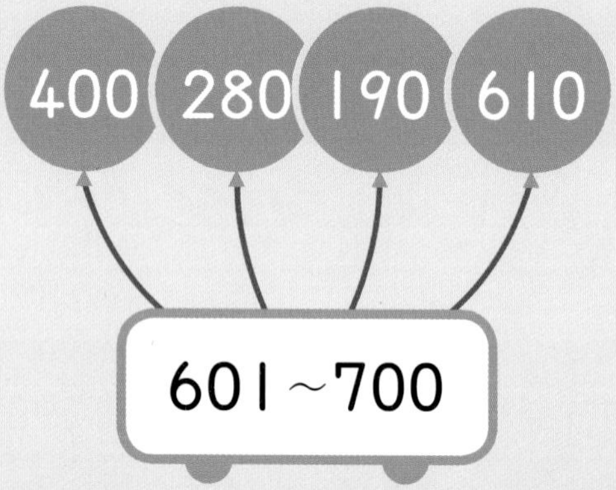

❹

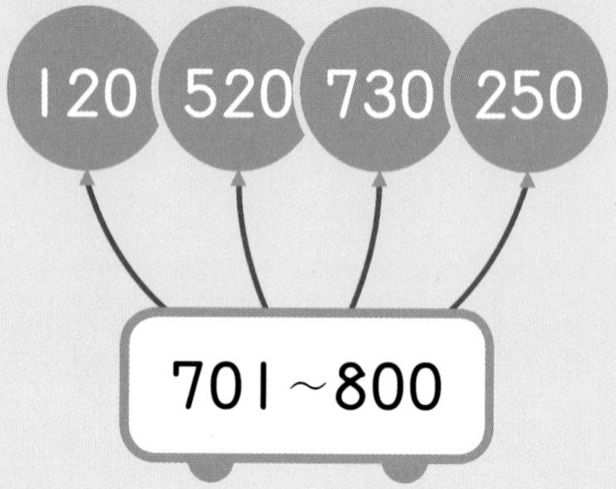

❺

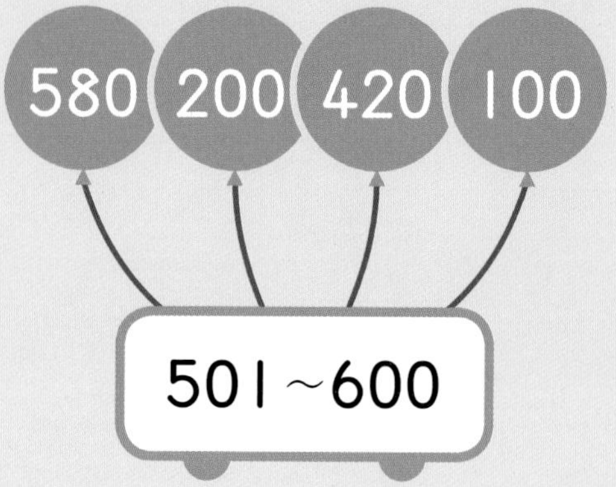

◆ 두 수의 합을 어림하여 점수의 범위에 맞게 풍선 두 개를 터뜨리시오.

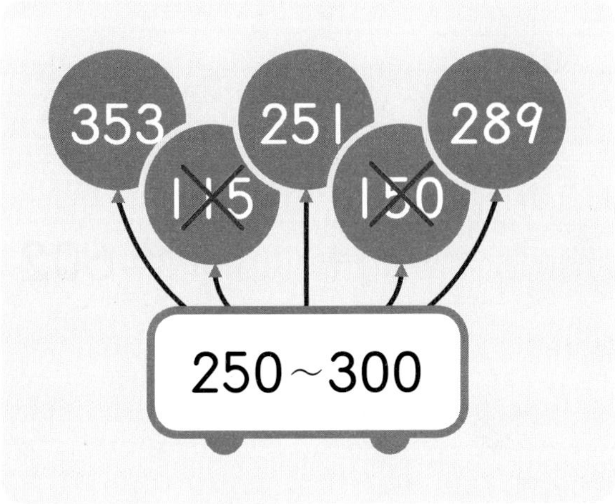

❶

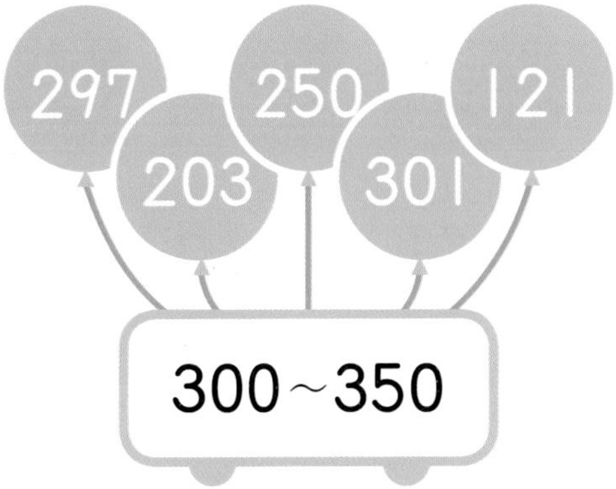

❷

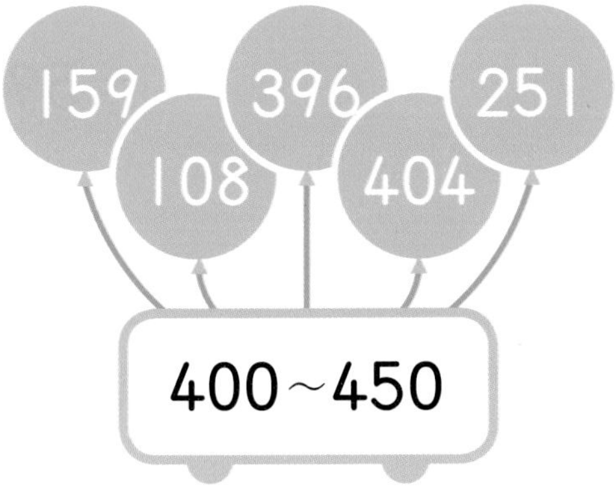

❸

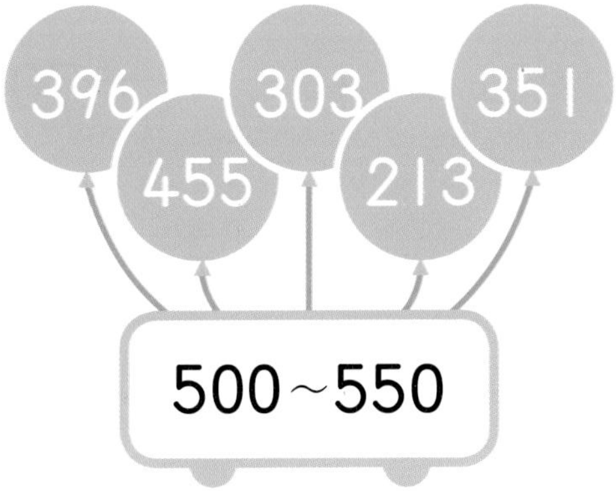

❹

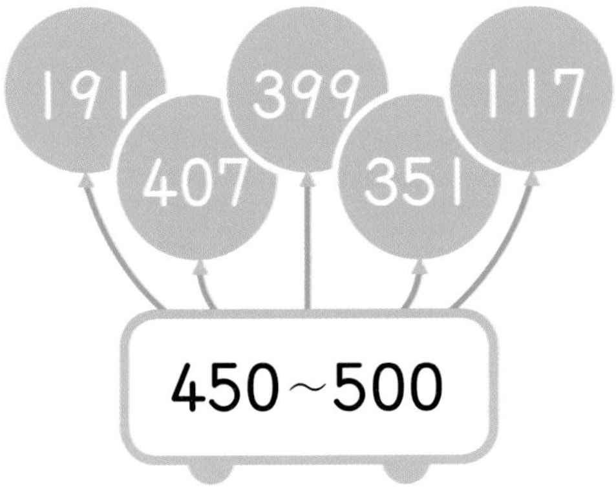

❺

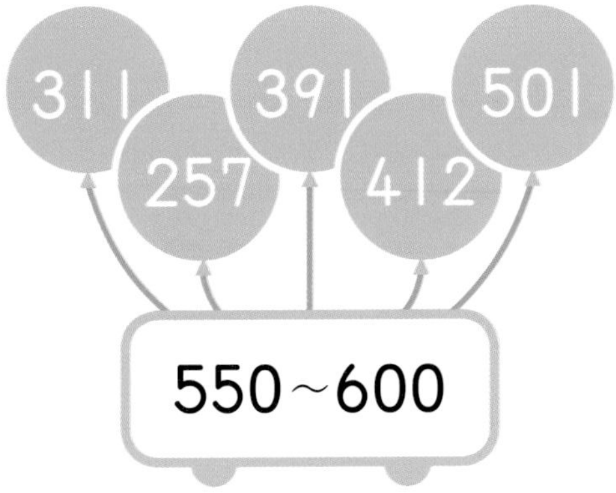

514 수 카드 어림하기

◐ 수 카드 중 두 장을 사용하여 식을 완성하시오. 수를 어림하여 완성합니다.

251 268 247

251 + 247 = 498

❶ 192 410 390

☐ + ☐ = 602

❷ 357 424 277

☐ + ☐ = 701

❸ 285 312 392

☐ + ☐ = 597

❹ 137 218 168

☐ + ☐ = 305

❺ 197 237 206

☐ + ☐ = 403

❻ 486 563 336

☐ + ☐ = 899

❼ 372 448 398

☐ + ☐ = 820

◆ 수 카드 중 세 장을 사용하여 식을 완성하시오.

702 309 304

499 398

304 + 398 = 702

❶ 897 1498 797

701 791

☐ + ☐ = ☐

❷ 601 1295 694

894 501

☐ + ☐ = ☐

❸ 489 404 393

893 511

☐ + ☐ = ☐

❹ 801 192 983

891 182

☐ + ☐ = ☐

❺ 1105 508 701

604 597

☐ + ☐ = ☐

515 덧셈 방법

◐ 여러 가지 방법의 덧셈 설명을 보고 □ 안에 알맞은 수를 써넣으시오.

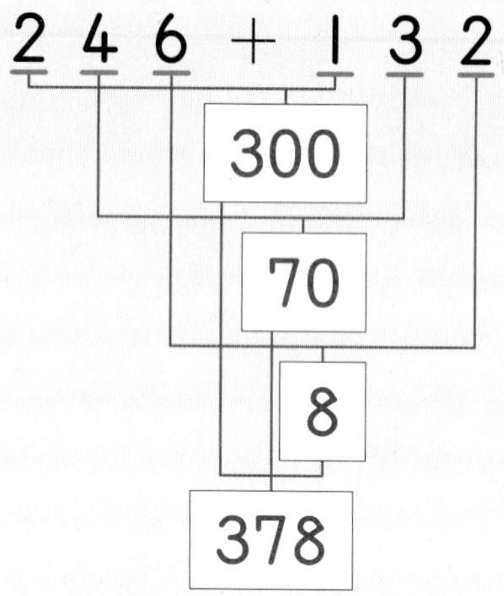

200과 100, 40과 30, 6과 2를 더한 다음, 그 결과를 모두 더합니다.

❶
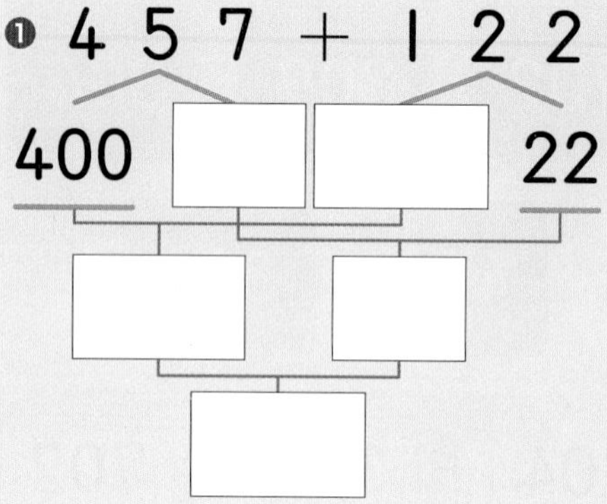

400과 100, 57과 22를 더한 다음, 그 결과를 더합니다.

❷
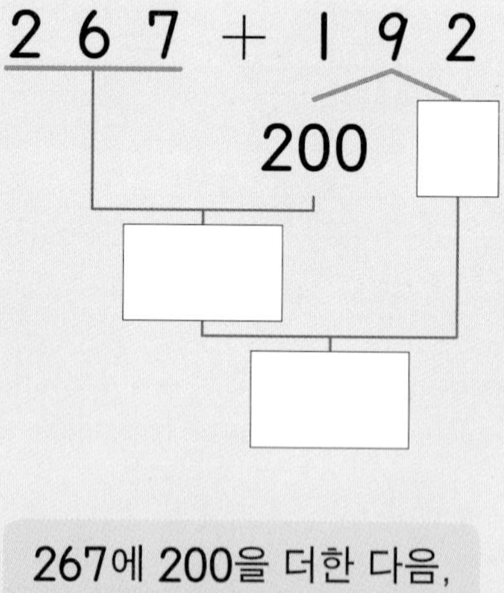

267에 200을 더한 다음, 그 결과에서 8을 뺍니다.

❸
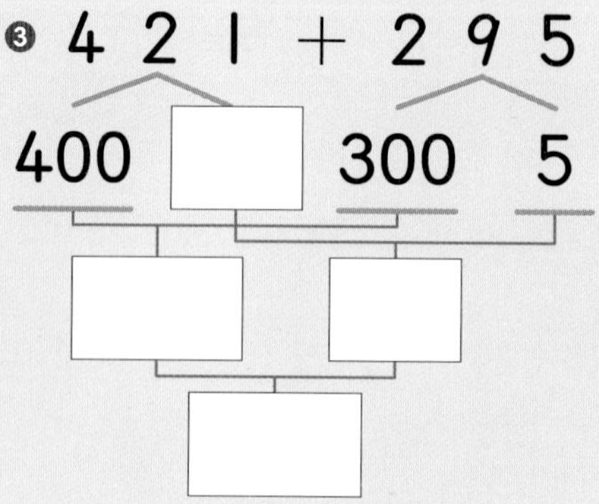

400과 300을 더하고 21에서 5를 뺀 다음, 그 결과를 더합니다.

◆ 여러 가지 방법으로 덧셈을 한 것입니다. □ 안에 알맞은 수를 써넣으시오.

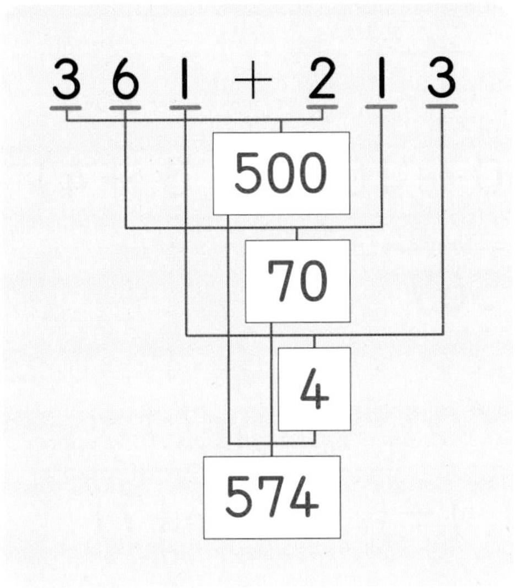

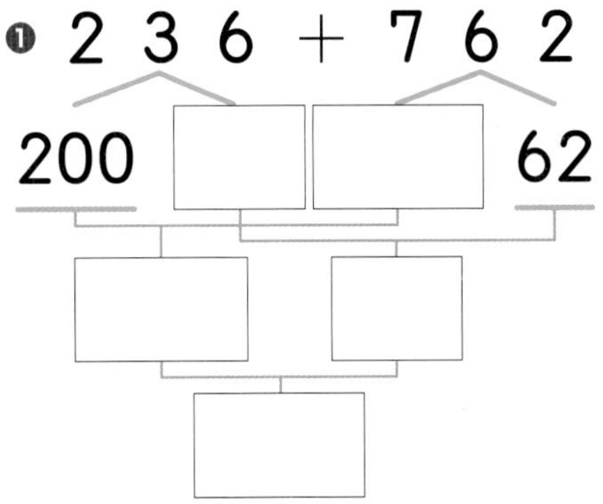

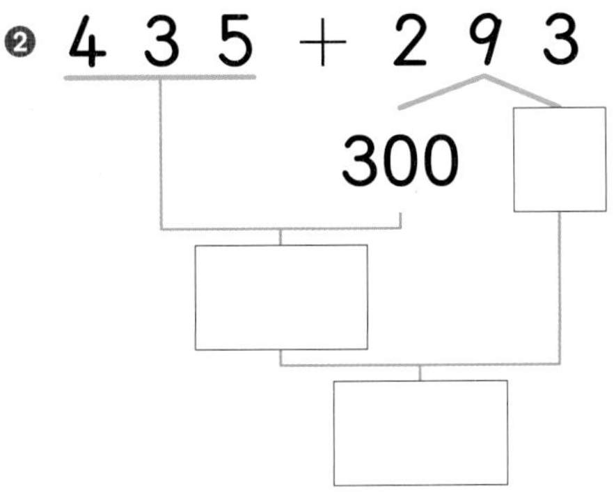

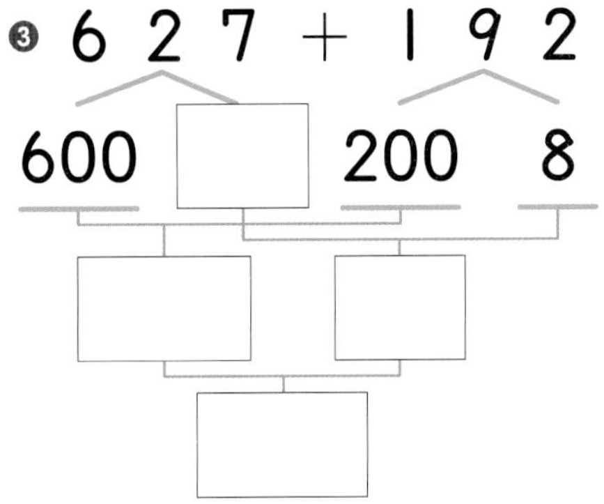

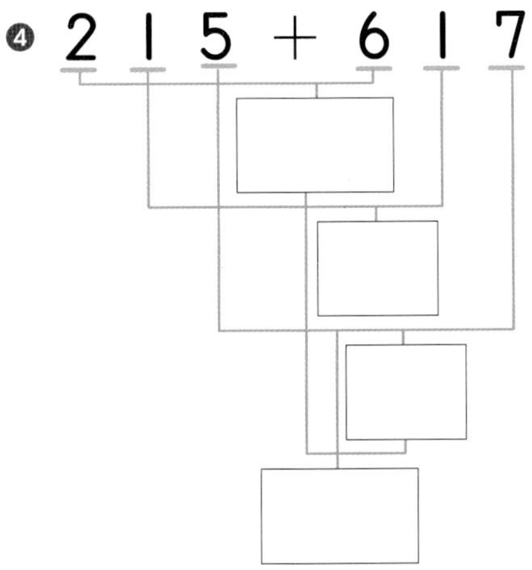

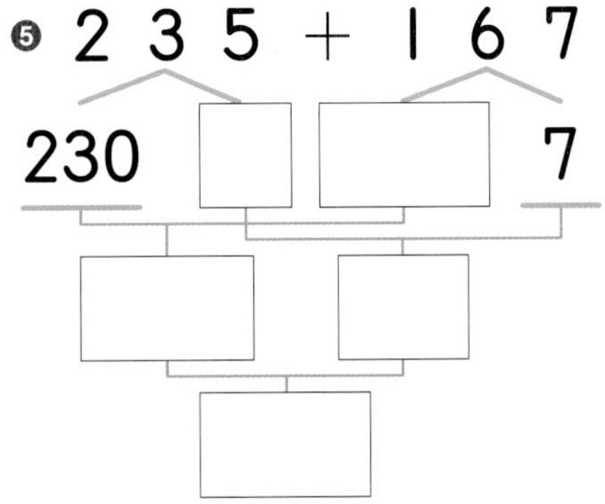

516 가로 덧셈

◐ 여러 가지 방법으로 덧셈을 한 것입니다. □ 안에 알맞은 수를 써넣으시오.

100과 400, 50과 10, 3과 4를 더한 다음, 그 결과를 모두 더합니다.

153+414

=(100+ 400)+(50+ 10)+(3 +4)

= 500 +60+ 7 = 567

❶ 500과 200, 46과 17을 더한 다음, 그 결과를 더합니다.

546+217

=(500+□)+(□+17)

=(500+□)+(46+17)

=700+□=□

❷ 370과 210, 6과 7을 더한 다음, 그 결과를 더합니다.

376+217

=(370+□)+(□+7)

=(370+□)+(6+□)

=□+□=□

❸ 600과 200을 더하고 36에서 2를 뺀 다음, 그 결과를 더합니다.

636+198

=(600+□)+(200−□)

=(600+□)+(36−□)

=□+□=□

여러 가지 방법으로 덧셈을 한 것입니다. □ 안에 알맞은 수를 써넣으시오.

$247+725=(200+\boxed{700})+(40+\boxed{20})+(\boxed{7}+5)$

$=\boxed{900}+60+\boxed{12}=\boxed{972}$

❶ $629+245=(600+\square)+(200+\square)$

$=(600+200)+(\square+\square)$

$=\square+\square=\square$

❷ $414+269=(410+\square)+(\square+9)$

$=(410+\square)+(4+\square)$

$=\square+\square=\square$

❸ $512+295=(500+\square)+(300-\square)$

$=(500+\square)+(12-\square)$

$=\square+\square=\square$

잘 공부했는지 알아봅시다

월 일

1 두 수의 합을 어림하여 더 가까운 수에 ○표 하시오.

❶

285+273	500
	550

❷

578+335	900
	950

2 두 수의 합을 어림하여 계산 결과가 작은 것부터 차례로 기호를 쓰시오.

㉠ 624+196　㉡ 385+303
㉢ 434+112　㉣ 252+358

3 여러 가지 덧셈 방법으로 계산한 것입니다. □ 안에 알맞은 수를 써넣으시오.

❶ 5 2 9 + 2 8 5

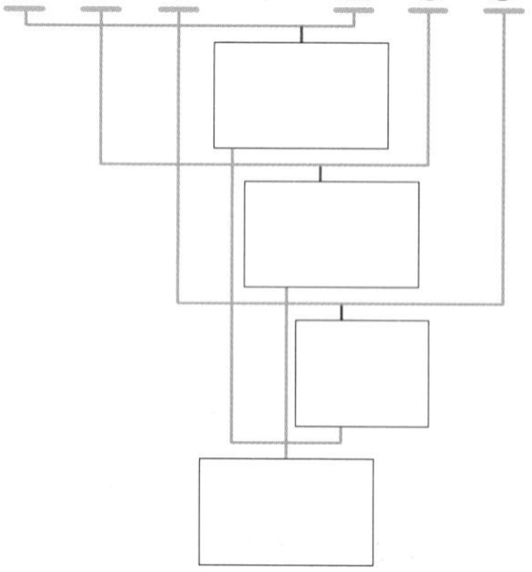

❷ 4 6 8 + 3 8 4

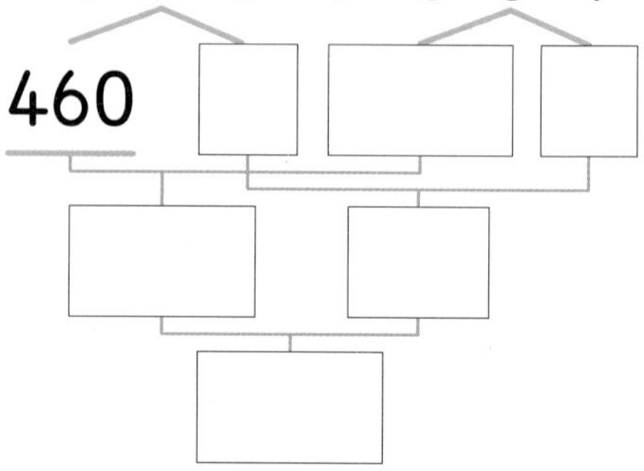

2 세·네 자리 수의 덧셈 (2)

517 세로 덧셈

◐ □ 안에 알맞은 수를 써넣으시오.

$$\begin{array}{r} 364 \\ +\,172 \\ \hline \boxed{6} \end{array} \rightarrow \begin{array}{r} \boxed{1} \\ 364 \\ +\,172 \\ \hline \boxed{3}\boxed{6} \end{array} \rightarrow \begin{array}{r} \boxed{1} \\ 364 \\ +\,172 \\ \hline \boxed{5}\boxed{3}\boxed{6} \end{array}$$

❶

$$\begin{array}{r} \square \\ 308 \\ +\,564 \\ \hline \square \end{array} \rightarrow \begin{array}{r} \square \\ 308 \\ +\,564 \\ \hline \square\square \end{array} \rightarrow \begin{array}{r} \square \\ 308 \\ +\,564 \\ \hline \square\square\square \end{array}$$

❷

$$\begin{array}{r} \square \\ 276 \\ +\,385 \\ \hline \square \end{array} \rightarrow \begin{array}{r} \square\square \\ 276 \\ +\,385 \\ \hline \square\square \end{array} \rightarrow \begin{array}{r} \square\square \\ 276 \\ +\,385 \\ \hline \square\square\square \end{array}$$

❸

$$\begin{array}{r} \square \\ 937 \\ +\,484 \\ \hline \square \end{array} \rightarrow \begin{array}{r} \square\square \\ 937 \\ +\,484 \\ \hline \square\square \end{array} \rightarrow \begin{array}{r} \square\square \\ 937 \\ +\,484 \\ \hline \square\square\square\square \end{array}$$

월 일

세로셈으로 고쳐 계산하시오.

276+142= 418

	2	7	6
+	1	4	2
	4	1	8

❶ 258+361=

+			

❷ 436+392=

+			

❸ 547+134=

+			

❹ 173+418=

+			

❺ 675+849=

+			

518 고치기

◐ 잘못 계산된 부분을 찾아 바르게 고치시오.

예시:

```
  2 7 6
+ 3 4 8
-------
  5 1 4
  6 2
```

(5와 1에 줄을 긋고 그 아래에 6, 2로 고쳐 씀)

❶
```
  7 4 6
+ 1 9 5
-------
  8 3 1
```

❷
```
  3 4 7
+ 2 8 2
-------
  5 2 9
```

❸
```
  5 7 6
+ 2 5 5
-------
  7 2 1
```

❹
```
  9 6 4
+ 4 7 8
-------
1 3 3 2
```

❺
```
  4 3 8
+ 2 4 5
-------
  6 7 3
```

❻
```
  8 3 9
+ 4 8 4
-------
1 2 1 3
```

❼
```
  6 1 7
+ 3 8 8
-------
  9 9 5
```

❽
```
  1 6 6
+ 7 5 3
-------
  8 1 9
```

❾
```
  7 6 1
+ 5 9 6
-------
1 2 5 7
```

❿
```
  2 7 4
+ 8 0 7
-------
1 0 7 1
```

⓫
```
  3 2 8
+ 9 9 3
-------
1 2 1 1
```

◆ 틀린 답을 찾아 바르게 고치시오.

376	465	237	429
+ 253	+ 129	+ 398	+ 787
629	~~584~~	635	1216
	594		

❶

128	723	427	364
+ 267	+ 192	+ 794	+ 453
395	915	1211	817

❷

291	322	625	537
+ 639	+ 487	+ 269	+ 785
930	709	894	1322

❸

935	773	634	142
+ 488	+ 218	+ 197	+ 781
1423	991	821	923

519 체인지셈

◐ 색칠된 두 숫자를 바꾸어 계산하시오.

$$\begin{array}{r} 2\,1\,5 \\ +\,3\,6\,7 \\ \hline 5\,8\,2 \end{array} \rightarrow \begin{array}{r} 2\,7\,5 \\ +\,3\,6\,1 \\ \hline 6\,3\,6 \end{array}$$

❶

$$\begin{array}{r} 3\,2\,9 \\ +\,7\,4\,9 \\ \hline 1\,0\,7\,8 \end{array} \rightarrow$$

❷

$$\begin{array}{r} 7\,8\,2 \\ +\,1\,6\,3 \\ \hline 9\,4\,5 \end{array} \rightarrow$$

❸

$$\begin{array}{r} 2\,7\,5 \\ +\,5\,1\,6 \\ \hline 7\,9\,1 \end{array} \rightarrow$$

❹

$$\begin{array}{r} 6\,6\,7 \\ +\,3\,1\,5 \\ \hline 9\,8\,2 \end{array} \rightarrow$$

❺

$$\begin{array}{r} 9\,2\,7 \\ +\,1\,3\,8 \\ \hline 1\,0\,6\,5 \end{array} \rightarrow$$

❻

$$\begin{array}{r} 4\,6\,7 \\ +\,3\,9\,1 \\ \hline 8\,5\,8 \end{array} \rightarrow$$

❼

$$\begin{array}{r} 4\,9\,3 \\ +\,2\,5\,6 \\ \hline 7\,4\,9 \end{array} \rightarrow$$

다음 식은 숫자 두 개가 바뀐 것입니다. 바뀐 숫자에 ○표 하고 바르게 고치시오.

$$\begin{array}{r} 1\,⑦\,5 \\ +\ 2\,4\,③ \\ \hline 3\,8\,2 \end{array} \rightarrow \begin{array}{r} 1\,3\,5 \\ +\ 2\,4\,7 \\ \hline 3\,8\,2 \end{array}$$

❶
$$\begin{array}{r} 8\,4\,3 \\ +\ 1\,8\,6 \\ \hline 9\,8\,4 \end{array} \rightarrow$$

❷
$$\begin{array}{r} 8\,9\,3 \\ +\ 5\,4\,2 \\ \hline 8\,4\,1 \end{array} \rightarrow$$

❸
$$\begin{array}{r} 3\,4\,7 \\ +\ 2\,9\,1 \\ \hline 8\,1\,8 \end{array} \rightarrow$$

❹
$$\begin{array}{r} 9\,5\,3 \\ +\ 4\,1\,7 \\ \hline 6\,5\,0 \end{array} \rightarrow$$

❺
$$\begin{array}{r} 3\,5\,9 \\ +\ 2\,4\,0 \\ \hline 5\,5\,4 \end{array} \rightarrow$$

❻
$$\begin{array}{r} 4\,6\,2 \\ +\ 5\,8\,3 \\ \hline 7\,4\,8 \end{array} \rightarrow$$

❼
$$\begin{array}{r} 2\,3\,7 \\ +\ 1\,4\,8 \\ \hline 4\,1\,2 \end{array} \rightarrow$$

520 숫자 카드 벌레셈

◐ 다음 빈칸에 알맞은 수를 써넣으시오.

	2	7	4
+	1	7	6
	4	5	0

❶

	□	9	1
+	1	□	7
	8	1	□

❷

	5	1	□
+	□	5	8
	9	□	3

❸

	1	□	8
+	7	9	□
	□	2	2

❹

	8	1	□
+	□	9	3
1	4	□	2

❺

	4	3	1
+	□	□	8
	7	1	□

❻

	□	2	3
+	9	9	□
1	2	□	1

❼

	4	□	□
+	3	3	5
	□	6	2

❽

	□	8	2
+	5	7	□
	9	□	0

❾

	□	2	5
+	5	□	6
	8	6	□

❿

	7	5	3
+	1	□	□
	□	3	2

⓫

	4	7	□
+	2	□	6
	□	2	7

숫자 카드를 한 번씩 모두 사용하여 덧셈식을 완성하시오.

(예시) 숫자 카드: 0, 1, 3, 8

	1	5	3
+	2	4	8
	4	0	1

❶ 숫자 카드: 3, 5, 6, 9

	□	□	4
+	1	□	2
	5	4	□

❷ 숫자 카드: 1, 4, 5, 7

	4	2	9
+	□	□	□
	5	□	4

❸ 숫자 카드: 1, 2, 5, 6

	□	6	□
+	3	□	9
	9	3	□

❹ 숫자 카드: 2, 4, 8, 9

		3	□	4
+		□	7	□
	1	3	□	2

❺ 숫자 카드: 1, 2, 3, 6

	□	3	□
+	1	8	□
	8	□	5

❻ 숫자 카드: 2, 6, 7, 8

	□	□	3
+	2	4	□
	□	7	0

❼ 숫자 카드: 2, 5, 6, 8

	2	□	6
+	5	6	□
	□	□	2

잘 공부했는지 알아봅시다

월 일

1 오른쪽 계산식에서 □ 안의 숫자 1이 실제로 나타내는 수는 각각 얼마입니까?

㉠ : □ ㉡ : □

$$\begin{array}{rccc} & ㉠ & ㉡ & \\ & \boxed{1} & \boxed{1} & \\ & 3 & 3 & 9 \\ + & 5 & 8 & 4 \\ \hline & 9 & 2 & 3 \end{array}$$

2 □ 안에 알맞은 숫자를 써넣으시오.

❶

$$\begin{array}{rccc} & 2 & \square & 7 \\ + & 6 & 4 & \square \\ \hline & \square & 6 & 3 \end{array}$$

❷

$$\begin{array}{rccc} & 5 & 6 & \square \\ + & \square & 6 & 3 \\ \hline 1 & 0 & \square & 1 \end{array}$$

3 숫자 카드를 모두 한 번씩 사용하여 덧셈식을 완성하시오.

0 1 2 6 7

$$\begin{array}{rccc} & 5 & \square & 8 \\ + & \square & 8 & \square \\ \hline & 7 & \square & \square \end{array}$$

3 세•네 자리 수의 뺄셈 (1)

521 풍선 터뜨리기

522 수 카드 어림하기

523 뺄셈 방법

524 가로 뺄셈

521 풍선 터뜨리기

◐ 두 수의 차를 어림하여 점수의 범위에 맞게 풍선 두 개를 터뜨리시오.

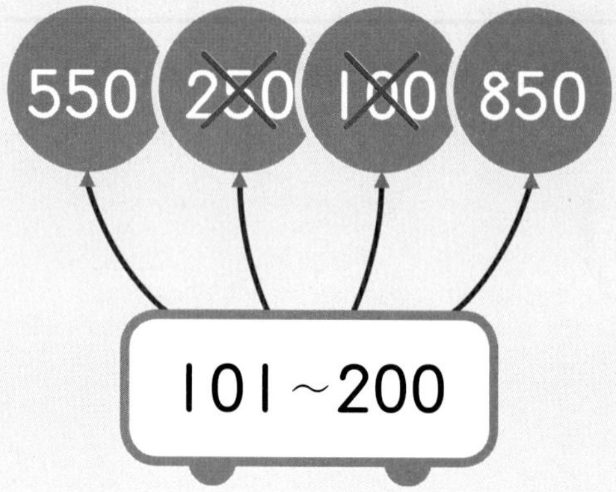

❶
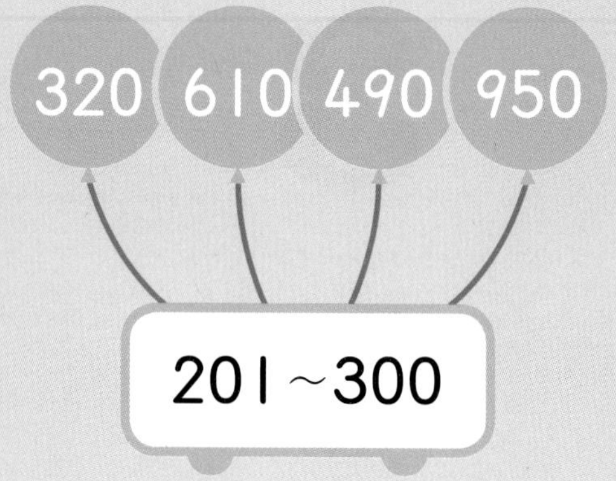

❷
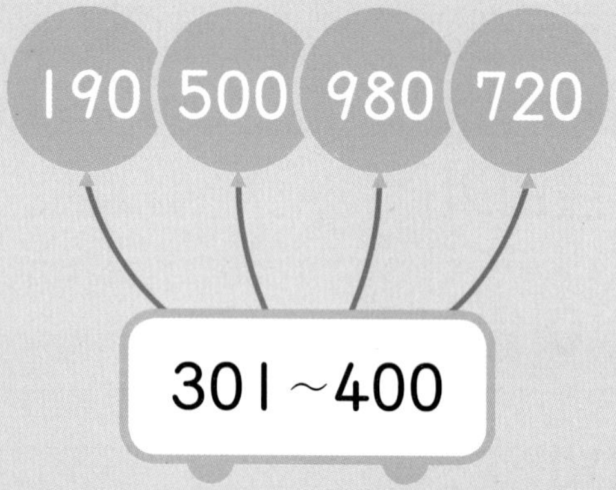

❸
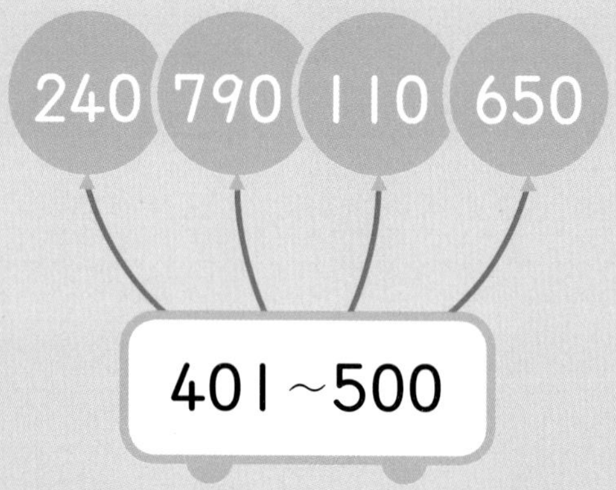

❹
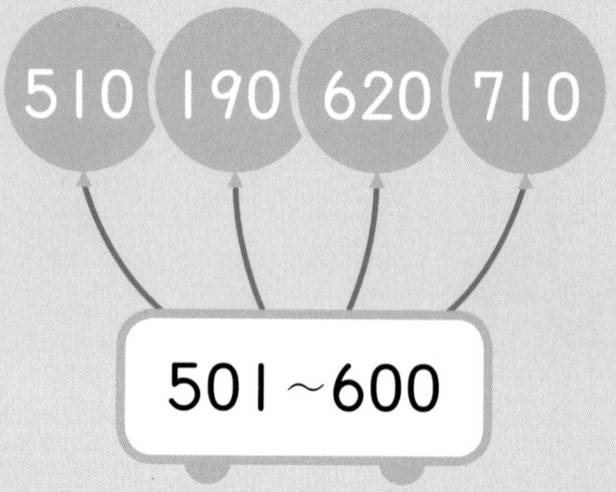

❺
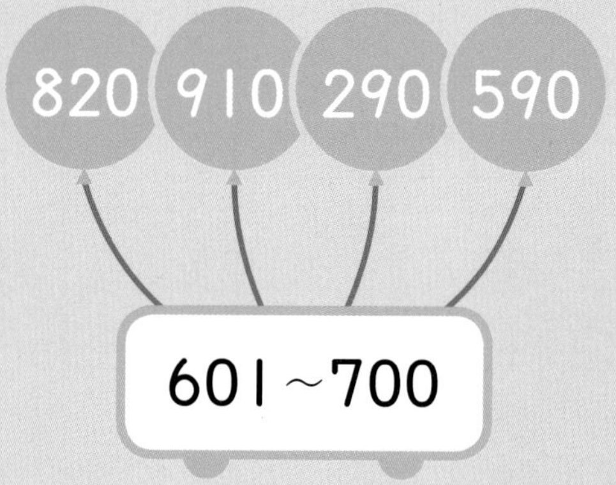

◆ 두 수의 차를 어림하여 점수의 범위에 맞게 풍선 두 개를 터뜨리시오.

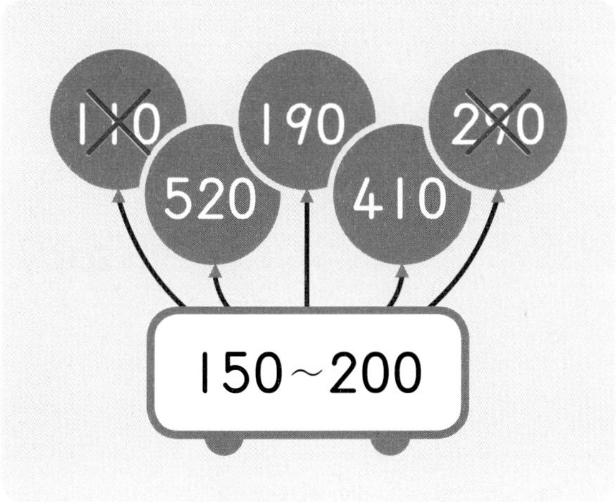

❶
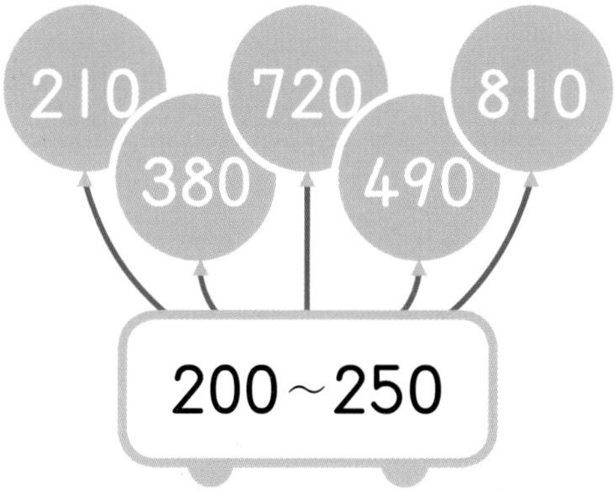

❷
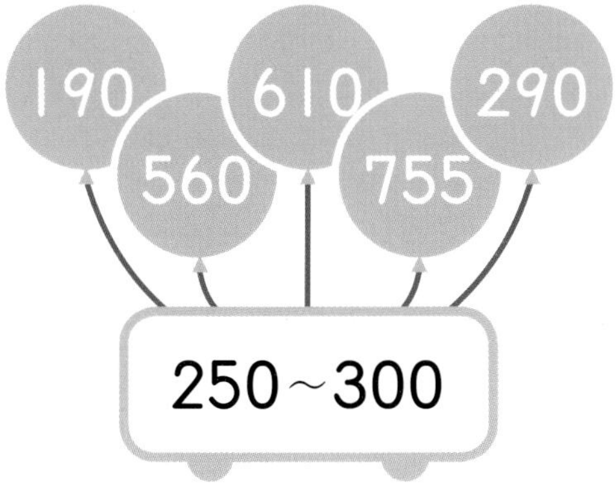

❸
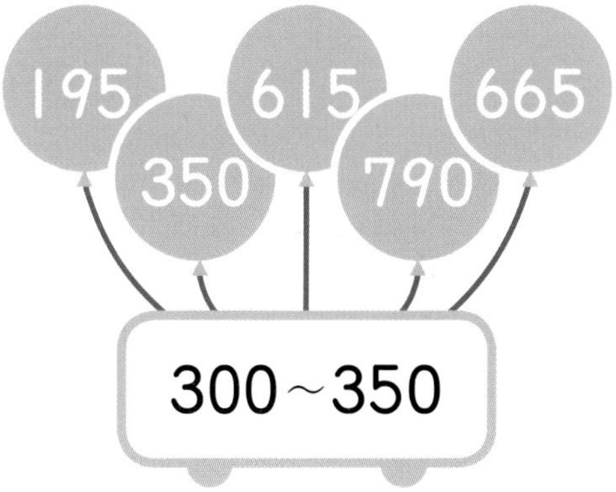

❹
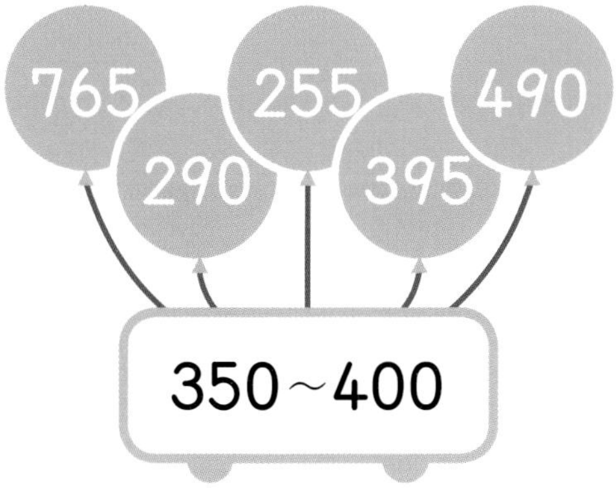

❺
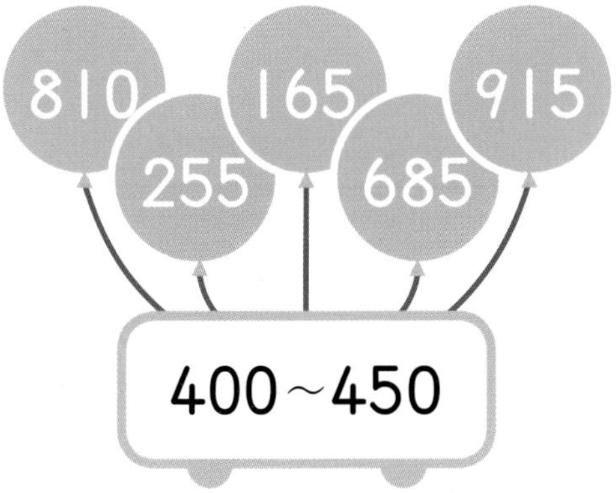

522 수 카드 어림하기

◐ 수 카드 중 두 장을 사용하여 식을 완성하시오. 수를 어림하여 완성합니다.

114 612 113

612 − 114 =498

❶ 799 502 302

[ ] − [ ] =497

❷ 410 510 111

[ ] − [ ] =399

❸ 281 982 392

[ ] − [ ] =701

❹ 553 453 856

[ ] − [ ] =303

❺ 283 753 183

[ ] − [ ] =570

❻ 876 776 242

[ ] − [ ] =634

❼ 958 858 1487

[ ] − [ ] =529

월 일

◆ 수 카드 중 세 장을 사용하여 식을 완성하시오.

697 201 397
598 861

598 − 201 = 397

❶ 698 933 752
358 394

□ − □ = □

❷ 897 412 512
596 385

□ − □ = □

❸ 498 604 106
398 118

□ − □ = □

❹ 468 568 846
178 746

□ − □ = □

❺ 812 912 693
219 319

□ − □ = □

뺄셈 방법

◐ 여러 가지 방법의 뺄셈 설명을 보고 □ 안에 알맞은 수를 써넣으시오.

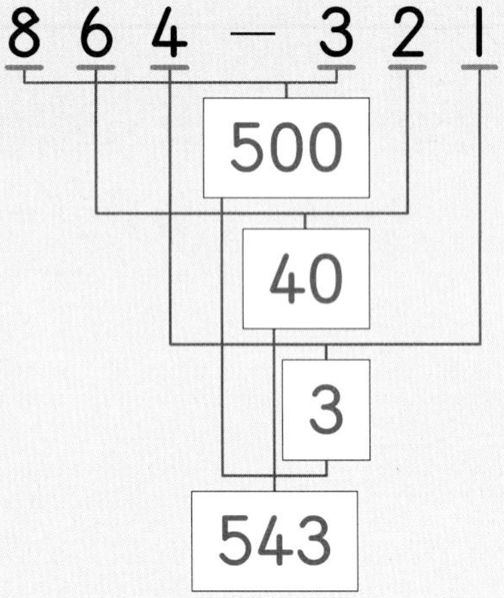

800에서 300, 60에서 20, 4에서 1을 뺀 다음, 그 결과를 모두 더합니다.

❶ 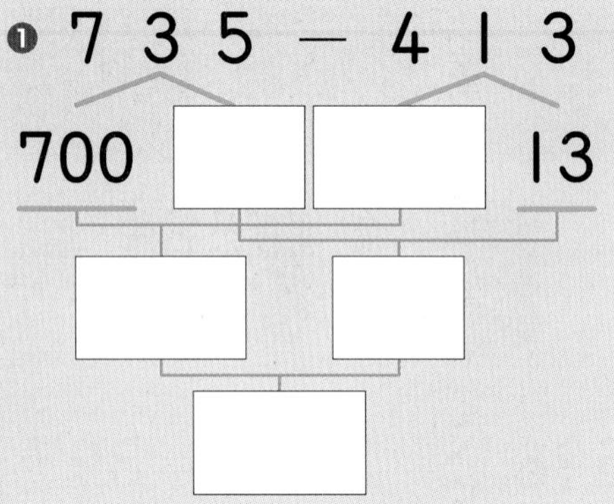

700에서 400, 35에서 13을 뺀 다음, 그 결과를 더합니다.

❷ 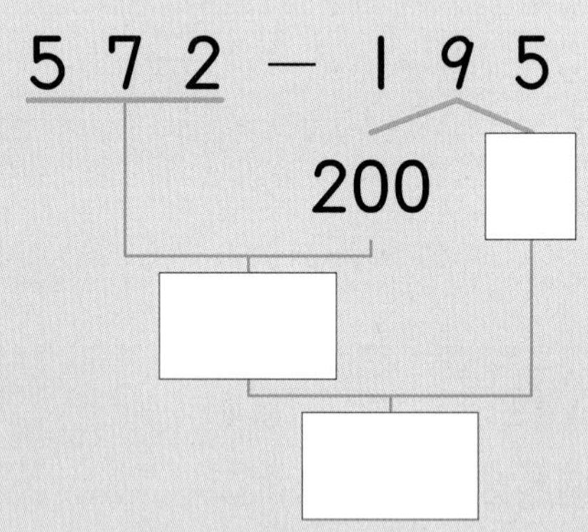

572에서 200을 뺀 다음, 그 결과에 5를 더합니다.

❸ 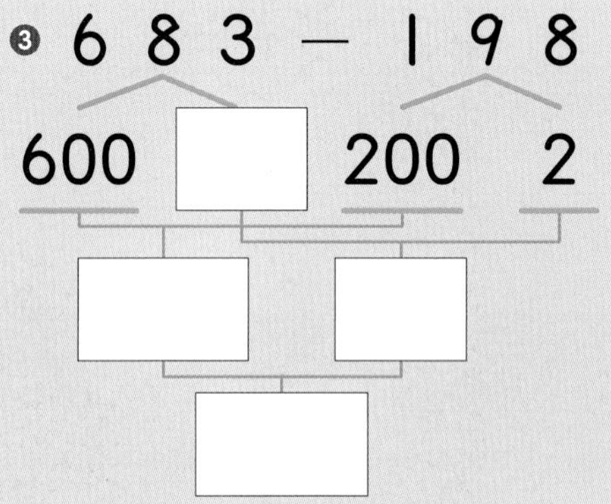

600에서 200을 빼고 83에 2를 더한 다음, 그 결과를 더합니다.

⊕ 여러 가지 방법으로 뺄셈을 한 것입니다. □ 안에 알맞은 수를 써넣으시오.

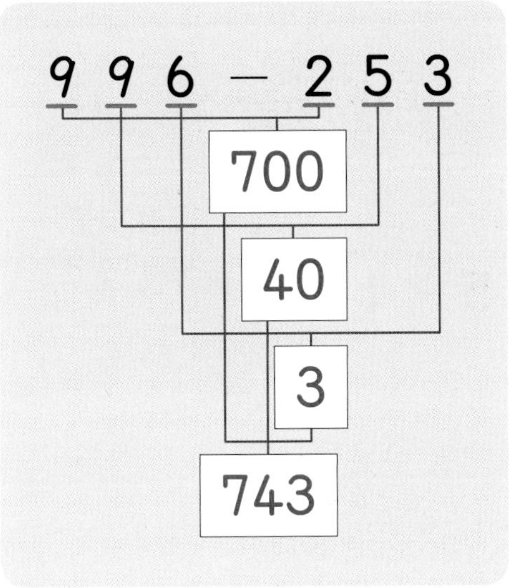

❶

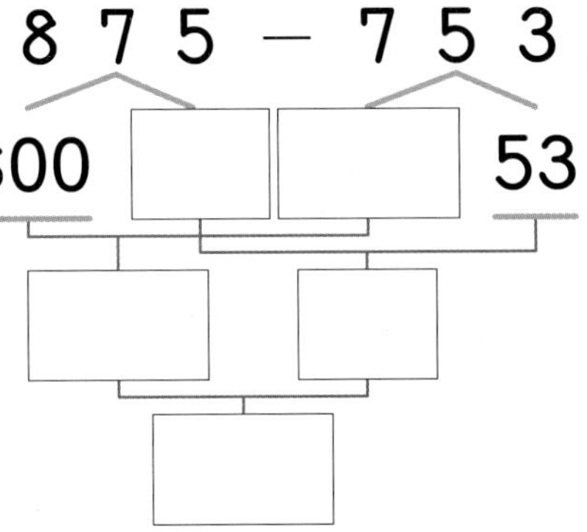

❷

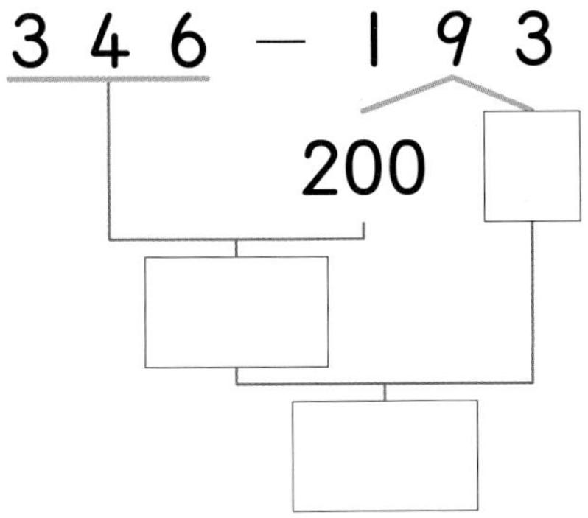

❸

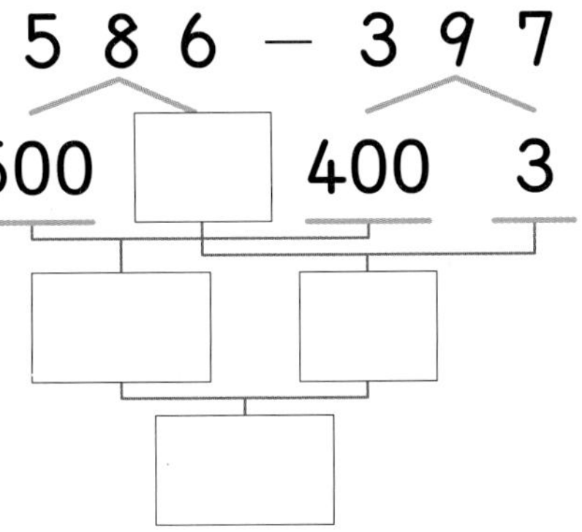

❹

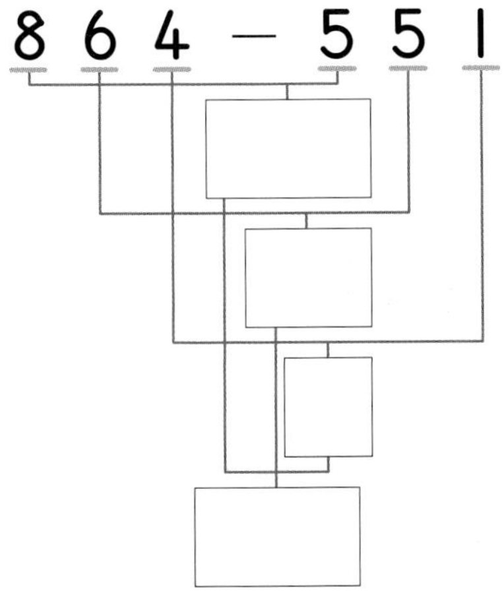

❺

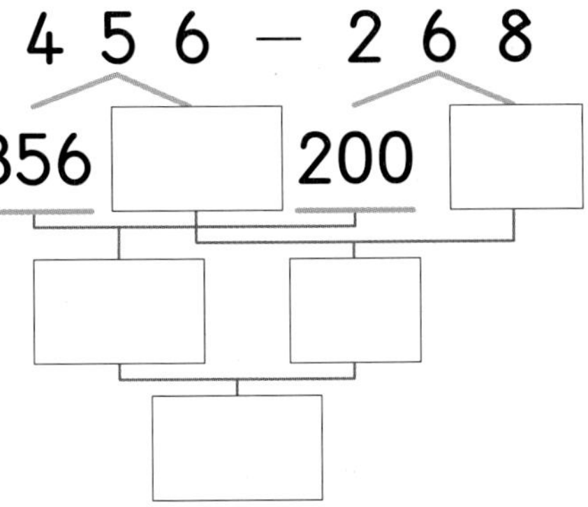

524 가로 뺄셈

◐ 여러 가지 방법으로 뺄셈을 한 것입니다. □ 안에 알맞은 수를 써넣으시오.

895−561
=800+90+[5]−500−[60]−1
=(800−[500])+([90]−[60])+(5−[1])
=[300]+[30]+[4]=[334]

800에서 500, 90에서 60, 5에서 1을 뺀 다음, 그 결과를 모두 더합니다.

❶ 536−327
=500+□−□−27
=(500−□)+(36−□)
=200+□=□

500에서 300, 36에서 27을 뺀 다음, 그 결과를 더합니다.

❷ 638−213
=638−200−□
=(638−□)−13
=□−13=□

638에서 200을 뺀 다음, 그 결과에서 13을 뺍니다.

❸ 727−398
=700+□−□+2
=(700−□)+(27+□)
=□+29=□

700에서 400을 빼고 27에 2를 더한 다음, 그 결과를 더합니다.

◆ 여러 가지 방법으로 뺄셈을 한 것입니다. □ 안에 알맞은 수를 써넣으시오.

$455-243=400+50+\boxed{5}-200-\boxed{40}-3$

$=(400-\boxed{200})+(\boxed{50}-40)+(5-\boxed{3})$

$=\boxed{200}+\boxed{10}+\boxed{2}=\boxed{212}$

❶ $782-517=700+\square-\square-17$

$=(700-\square)+(82-\square)$

$=200+\square=\square$

❷ $583-229=583-200-\square$

$=(583-\square)-29$

$=\square-29=\square$

❸ $613-198=600+\square-\square+2$

$=(600-\square)+(13+\square)$

$=\square+\square=\square$

잘 공부했는지 알아봅시다

월 일

1 두 수의 차가 ▭ 안의 수와 가장 가까운 두 수를 찾아 ○표 하시오.

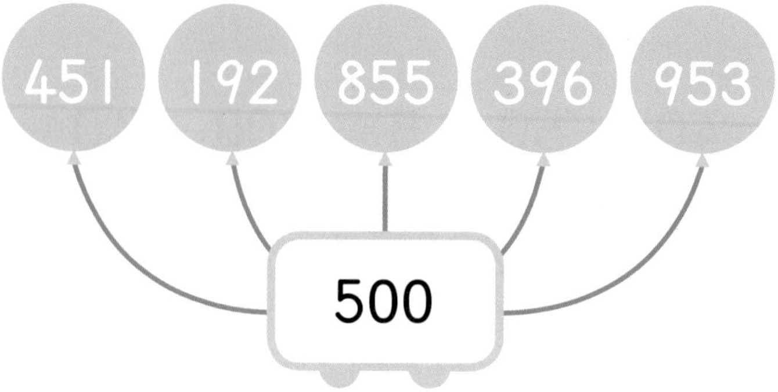

2 여러 가지 뺄셈 방법으로 계산한 것입니다. □ 안에 알맞은 수를 써넣으시오.

❶ 8 5 4 − 6 1 4

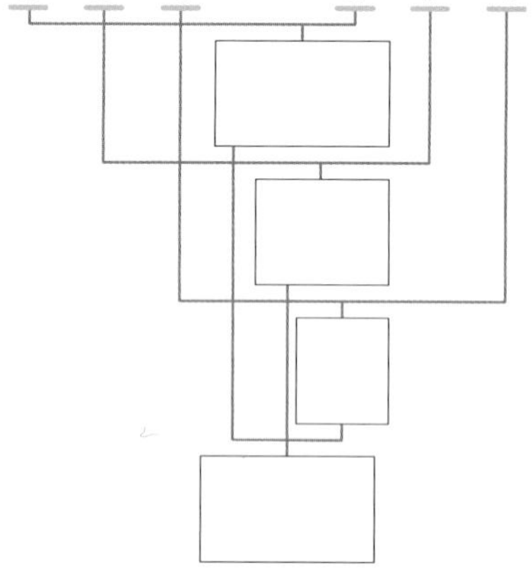

❷ 9 4 9 − 4 2 3

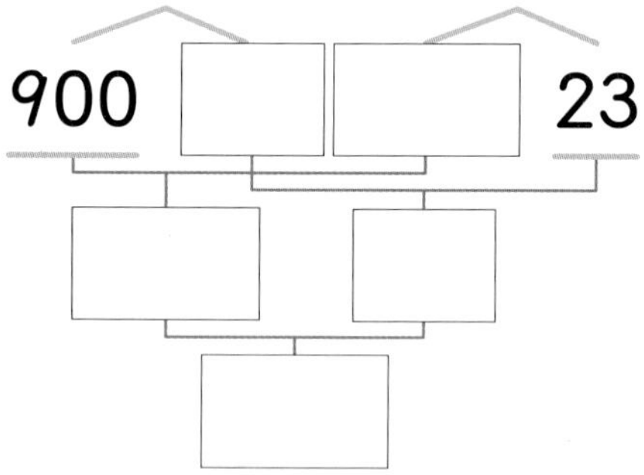

3 **196**이 **200**보다 **4** 작은 수임을 이용하여 **493**−**196**을 계산하였습니다. 같은 방법으로 다음 뺄셈을 하시오.

493−196 =493−200+4 =293+4=297	842−492

4 세·네 자리 수의 뺄셈 (2)

525 세로 뺄셈

◐ □ 안에 알맞은 수를 써넣으시오.

단계 1	단계 2	단계 3
$\begin{array}{r} 645 \\ -\ 353 \\ \hline \boxed{2} \end{array}$	$\begin{array}{r} \boxed{5}\,\boxed{10}\ \ \\ \not{6}\,4\,5 \\ -\ 3\,5\,3 \\ \hline \boxed{9}\,\boxed{2} \end{array}$	$\begin{array}{r} \boxed{5}\,\boxed{10}\ \ \\ \not{6}\,4\,5 \\ -\ 3\,5\,3 \\ \hline \boxed{2}\,\boxed{9}\,\boxed{2} \end{array}$

❶

단계 1	단계 2	단계 3
$\begin{array}{r} \square\,\square\ \ \\ 946 \\ -\ 417 \\ \hline \square \end{array}$	$\begin{array}{r} \square\,\square\ \ \\ 946 \\ -\ 417 \\ \hline \square\,\square \end{array}$	$\begin{array}{r} \square\,\square\ \ \\ 946 \\ -\ 417 \\ \hline \square\,\square\,\square \end{array}$

❷

단계 1	단계 2	단계 3
$\begin{array}{r} \square\,\square\ \ \\ 422 \\ -\ 285 \\ \hline \square \end{array}$	$\begin{array}{r} \square\,\square\,\square \\ 422 \\ -\ 285 \\ \hline \square\,\square \end{array}$	$\begin{array}{r} \square\,\square\,\square \\ 422 \\ -\ 285 \\ \hline \square\,\square\,\square \end{array}$

❸

단계 1	단계 2	단계 3
$\begin{array}{r} \square\,\square\ \ \\ 1551 \\ -\ 976 \\ \hline \square \end{array}$	$\begin{array}{r} \square\,\square\,\square\ \ \\ 1551 \\ -\ 976 \\ \hline \square\,\square \end{array}$	$\begin{array}{r} \square\,\square\,\square \\ 1551 \\ -\ 976 \\ \hline \square\,\square\,\square \end{array}$

세로셈으로 고쳐 계산하시오.

539－243＝296

	5	3	9
－	2	4	3
	2	9	6

❶ 773－481＝

－			

❷ 857－595＝

－			

❸ 527－318＝

－			

❹ 751－538＝

－			

❺ 558－279＝

－			

526 고치기

◐ 잘못 계산된 부분을 찾아 바르게 고치시오.

$$\begin{array}{r} 9\ 0\ 8 \\ -\ 3\ 4\ 6 \\ \hline \cancel{6}\ 6\ 2 \\ 5 \end{array}$$

❶
$$\begin{array}{r} 7\ 5\ 3 \\ -\ 5\ 2\ 7 \\ \hline 2\ 3\ 6 \end{array}$$

❷
$$\begin{array}{r} 3\ 6\ 7 \\ -\ 1\ 7\ 4 \\ \hline 2\ 9\ 3 \end{array}$$

❸
$$\begin{array}{r} 1\ 6\ 3\ 6 \\ -\ 8\ 5\ 8 \\ \hline 8\ 8\ 8 \end{array}$$

❹
$$\begin{array}{r} 3\ 7\ 4 \\ -\ 1\ 9\ 6 \\ \hline 2\ 7\ 8 \end{array}$$

❺
$$\begin{array}{r} 4\ 6\ 4 \\ -\ 3\ 1\ 9 \\ \hline 1\ 5\ 5 \end{array}$$

❻
$$\begin{array}{r} 1\ 2\ 4\ 3 \\ -\ 3\ 6\ 9 \\ \hline 9\ 8\ 4 \end{array}$$

❼
$$\begin{array}{r} 9\ 4\ 3 \\ -\ 7\ 8\ 2 \\ \hline 2\ 6\ 1 \end{array}$$

❽
$$\begin{array}{r} 8\ 1\ 5 \\ -\ 5\ 1\ 6 \\ \hline 3\ 0\ 9 \end{array}$$

❾
$$\begin{array}{r} 7\ 5\ 1 \\ -\ 4\ 9\ 7 \\ \hline 3\ 4\ 4 \end{array}$$

❿
$$\begin{array}{r} 5\ 2\ 8 \\ -\ 2\ 3\ 4 \\ \hline 3\ 9\ 4 \end{array}$$

⓫
$$\begin{array}{r} 1\ 0\ 6\ 3 \\ -\ 6\ 4\ 5 \\ \hline 4\ 2\ 8 \end{array}$$

◆ 틀린 답을 찾아 바르게 고치시오.

$$\begin{array}{r} 659 \\ -\ 268 \\ \hline 391 \end{array} \qquad \begin{array}{r} 641 \\ -\ 425 \\ \hline 216 \end{array} \qquad \begin{array}{r} 1202 \\ -\ 573 \\ \hline \not{7}\,\not{3}\,9 \\ 6\,2 \end{array} \qquad \begin{array}{r} 497 \\ -\ 299 \\ \hline 198 \end{array}$$

❶

$$\begin{array}{r} 1104 \\ -\ 735 \\ \hline 369 \end{array} \qquad \begin{array}{r} 987 \\ -\ 129 \\ \hline 858 \end{array} \qquad \begin{array}{r} 622 \\ -\ 367 \\ \hline 355 \end{array} \qquad \begin{array}{r} 345 \\ -\ 164 \\ \hline 181 \end{array}$$

❷

$$\begin{array}{r} 686 \\ -\ 493 \\ \hline 293 \end{array} \qquad \begin{array}{r} 1234 \\ -\ 965 \\ \hline 269 \end{array} \qquad \begin{array}{r} 670 \\ -\ 499 \\ \hline 171 \end{array} \qquad \begin{array}{r} 545 \\ -\ 218 \\ \hline 327 \end{array}$$

❸

$$\begin{array}{r} 832 \\ -\ 517 \\ \hline 315 \end{array} \qquad \begin{array}{r} 477 \\ -\ 289 \\ \hline 188 \end{array} \qquad \begin{array}{r} 704 \\ -\ 581 \\ \hline 123 \end{array} \qquad \begin{array}{r} 1613 \\ -\ 837 \\ \hline 786 \end{array}$$

527 체인지셈

◐ 색칠된 두 숫자를 바꾸어 계산하시오.

$$\begin{array}{r} 873 \\ -\ 282 \\ \hline 591 \end{array} \rightarrow \begin{array}{r} 823 \\ -\ 287 \\ \hline 536 \end{array}$$

❶
$$\begin{array}{r} 1639 \\ -\ 725 \\ \hline 914 \end{array} \rightarrow$$

❷
$$\begin{array}{r} 592 \\ -\ 391 \\ \hline 201 \end{array} \rightarrow$$

❸
$$\begin{array}{r} 849 \\ -\ 565 \\ \hline 284 \end{array} \rightarrow$$

❹
$$\begin{array}{r} 373 \\ -\ 198 \\ \hline 175 \end{array} \rightarrow$$

❺
$$\begin{array}{r} 1387 \\ -\ 619 \\ \hline 768 \end{array} \rightarrow$$

❻
$$\begin{array}{r} 563 \\ -\ 291 \\ \hline 272 \end{array} \rightarrow$$

❼
$$\begin{array}{r} 975 \\ -\ 483 \\ \hline 492 \end{array} \rightarrow$$

월 일

다음 식은 숫자 두 개가 바뀐 것입니다. 바뀐 숫자에 ○표 하고 바르게 고치시오.

$$\begin{array}{r} 73(1) \\ -\,4(5)7 \\ \hline 318 \end{array} \rightarrow \begin{array}{r} 735 \\ -\,417 \\ \hline 318 \end{array}$$

❶
$$\begin{array}{r} 1746 \\ -\,583 \\ \hline 759 \end{array} \rightarrow$$

❷
$$\begin{array}{r} 452 \\ -\,871 \\ \hline 187 \end{array} \rightarrow$$

❸
$$\begin{array}{r} 854 \\ -\,263 \\ \hline 492 \end{array} \rightarrow$$

❹
$$\begin{array}{r} 1567 \\ -\,438 \\ \hline 909 \end{array} \rightarrow$$

❺
$$\begin{array}{r} 925 \\ -\,438 \\ \hline 386 \end{array} \rightarrow$$

❻
$$\begin{array}{r} 453 \\ -\,162 \\ \hline 258 \end{array} \rightarrow$$

❼
$$\begin{array}{r} 984 \\ -\,263 \\ \hline 391 \end{array} \rightarrow$$

528 숫자 카드 벌레셈

◐ 다음 빈칸에 알맞은 수를 써넣으시오.

	3 [9] 2
−	[1] 9 5
	1 9 [7]

❶

	□ 5 5
−	4 □ 3
	1 8 □

❷

	4 6 0
−	□ 4 □
	2 □ 4

❸

	8 1 □
−	3 □ 7
	□ 7 8

❹

	1 □ 8 8
−	5 8 □
	6 □ 9

❺

	9 □ 3
−	□ 6 5
	2 7 □

❻

	9 □ 2
−	2 9 □
	□ 8 1

❼

	5 1 □
−	□ 0 9
	2 □ 8

❽

	1 1 8 8
−	□ □ 9
	8 0 □

❾

	1 □ 3 6
−	7 □ 4
	7 9 □

❿

	8 4 0
−	1 □ □
	□ 7 2

⓫

	7 6 □
−	2 □ 3
	□ 6 8

숫자 카드를 한 번씩 모두 사용하여 뺄셈식을 완성하시오.

3 5 7 8

$$\begin{array}{r} \boxed{5}\ 2\ \boxed{7} \\ -\ \boxed{3}\ 4\ 1 \\ \hline 1\ \boxed{8}\ 6 \end{array}$$

❶ 2 6 7 9

$$\begin{array}{r} 1\ \Box\ 6\ \Box \\ -\ 5\ \Box\ 8 \\ \hline \Box\ 6\ 9 \end{array}$$

❷ 2 3 5 6

$$\begin{array}{r} \Box\ 6\ 1 \\ -\ 2\ \Box\ \Box \\ \hline 1\ 3\ \Box \end{array}$$

❸ 1 3 4 5

$$\begin{array}{r} 8\ \Box\ \Box \\ -\ \Box\ 2\ 7 \\ \hline 3\ \Box\ 6 \end{array}$$

❹ 2 5 7 8

$$\begin{array}{r} \Box\ 4\ \Box \\ -\ \Box\ 6\ 3 \\ \hline 4\ \Box\ 2 \end{array}$$

❺ 0 1 3 9

$$\begin{array}{r} 1\ \Box\ \Box\ 8 \\ -\ 7\ 2\ \Box \\ \hline \Box\ 7\ 9 \end{array}$$

❻ 2 2 5 8

$$\begin{array}{r} \Box\ 4\ \Box \\ -\ 6\ \Box\ 7 \\ \hline \Box\ 1\ 8 \end{array}$$

❼ 3 6 7 6

$$\begin{array}{r} \Box\ 5\ 2 \\ -\ \Box\ 8\ \Box \\ \hline 2\ \Box\ 5 \end{array}$$

잘 공부했는지 알아봅시다

월 일

1 다음 계산을 하시오.

❶
$$\begin{array}{r} 6\ 4\ 4 \\ -\ 4\ 9\ 7 \\ \hline \end{array}$$

❷
$$\begin{array}{r} 5\ 8\ 1 \\ -\ 1\ 3\ 4 \\ \hline \end{array}$$

❸
$$\begin{array}{r} 1\ 4\ 0\ 3 \\ -\ 7\ 6\ 5 \\ \hline \end{array}$$

2 숫자 카드 중 네 장을 사용하여 뺄셈식을 완성하시오.

2 3 4 6 8

$$\begin{array}{r} 8\ \square\ 2 \\ -\ \square\ 5\ \square \\ \hline 4\ \square\ 6 \end{array}$$

3 다음 식은 숫자 두 개가 바뀐 것입니다. 바뀐 숫자에 ○표 하고 바르게 고치시오.

❶
$$\begin{array}{r} 7\ 5\ 1 \\ -\ 2\ 8\ 9 \\ \hline 4\ 2\ 6 \end{array} \rightarrow$$

❷
$$\begin{array}{r} 9\ 6\ 2 \\ -\ 5\ 4\ 7 \\ \hline 2\ 1\ 3 \end{array} \rightarrow$$

5 세·네 자리 수의 덧셈과 뺄셈 (1)

529 관계셈

◐ 덧셈식을 보고 뺄셈식을, 뺄셈식을 보고 덧셈식을 만드시오.

$217+324=541$

$541-$ [217] $=$ [324]

$541-$ [324] $=$ [217]

❶ $466+157=623$

$623-$ [ ] $=$ [ ]

$623-$ [ ] $=$ [ ]

❷ $352+298=650$

$650-$ [ ] $=$ [ ]

$650-$ [ ] $=$ [ ]

❸ $145+285=430$

$430-$ [ ] $=$ [ ]

$430-$ [ ] $=$ [ ]

$574-305=269$

$305+$ [269] $=$ [574]

$269+$ [305] $=$ [574]

❹ $792-557=235$

$557+$ [ ] $=$ [ ]

$235+$ [ ] $=$ [ ]

❺ $441-279=162$

$279+$ [ ] $=$ [ ]

$162+$ [ ] $=$ [ ]

❻ $927-623=304$

$623+$ [ ] $=$ [ ]

$304+$ [ ] $=$ [ ]

월 일

□ 안에 알맞은 수를 써넣으시오.

309 +465=774 ⟷ 774− 465 =309

❶ □+521=647 ⟷ 647−□=126

❷ □+187=415 ⟷ 415−□=228

❸ □+206=353 ⟷ 353−□=147

❹ □+615=806 ⟷ 806−□=191

❺ □+364=588 ⟷ 588−□=224

❻ □+408=912 ⟷ 912−□=504

530 계단셈

◐ 빈칸에 알맞은 수를 써넣으시오.

(예시)
908
391 →+517
237 →+154

❶
[ ]
[ ] →+359
114 →+320

❷
[ ]
[ ] →+185
303 →+261

❸
[ ]
[ ] →+127
285 →+149

❹
[ ]
[ ] →+118
169 →+350

❺
[ ]
[ ] →+158
531 →+206

❻
[ ]
[ ] →+364
448 →+174

❼
[ ]
[ ] →+105
397 →+338

월 일

⊕ 빈칸에 알맞은 수를 써넣으시오.

632		
−179 →	453	
	↓ −185 →	268

❶

748		
−194 →		
	↓ −231 →	

❷

946		
−168 →		
	↓ −557 →	

❸

884		
−459 →		
	↓ −136 →	

❹

620		
−273 →		
	↓ −144 →	

❺

714		
−385 →		
	↓ −263 →	

❻

825		
−267 →		
	↓ −509 →	

❼

597		
−142 →		
	↓ −278 →	

531 도형 안의 수

◐ 같은 모양의 도형 안에 있는 수의 합을 구하시오.

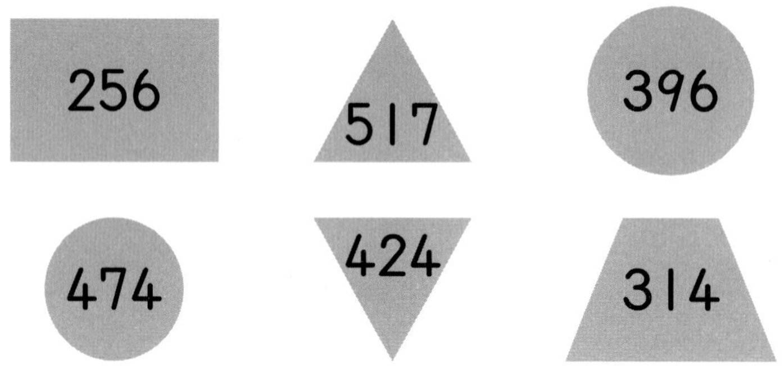

삼각형 : 941

사각형 : 570

원 : 870

❶

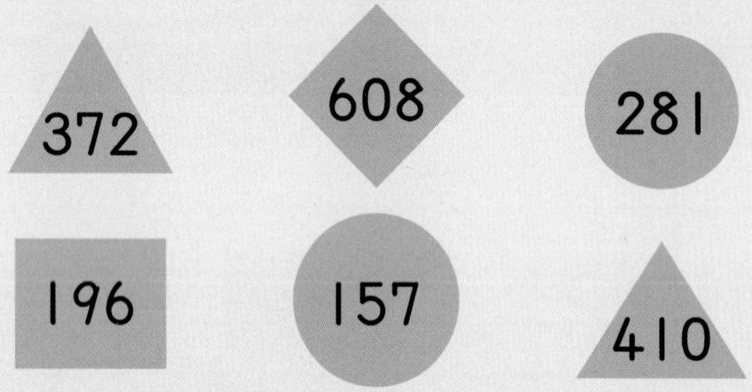

삼각형 :

사각형 :

원 :

❷

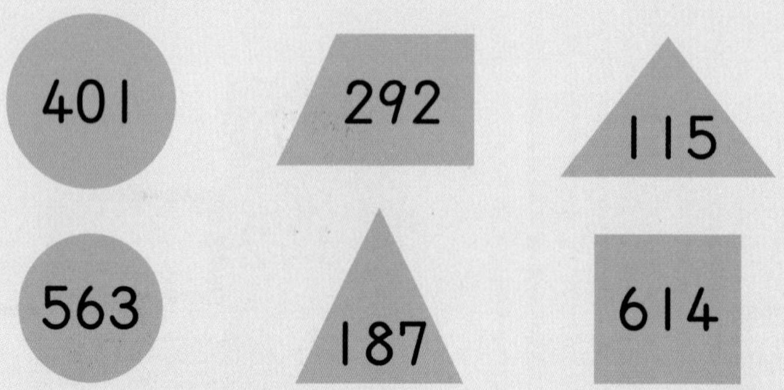

삼각형 :

사각형 :

원 :

◆ 같은 모양의 도형 안에 있는 수의 차를 구하시오.

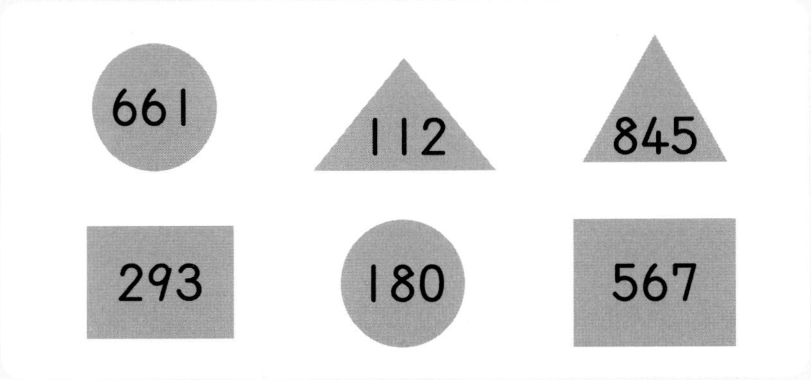

삼각형 : 733

사각형 : 274

원 : 481

❶

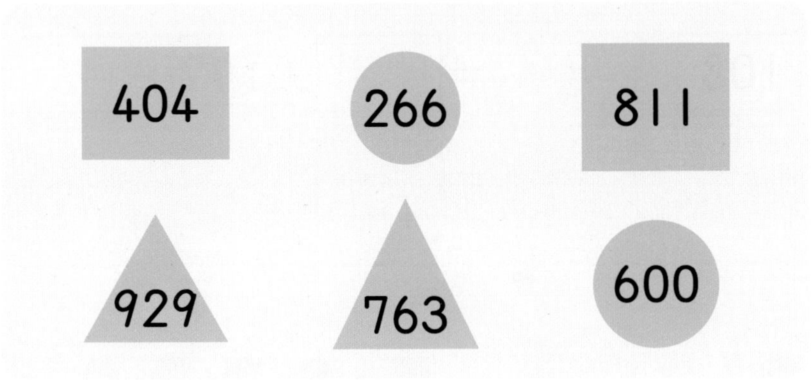

삼각형 :

사각형 :

원 :

❷

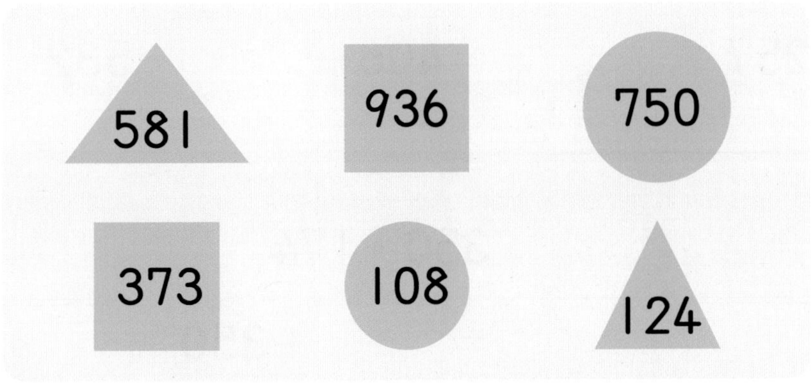

삼각형 :

사각형 :

원 :

532 약속셈

◐ 약속에 맞게 계산한 것입니다. 빈칸에 알맞은 수를 써넣으시오.

약속

■⊙●=■+●+●

271⊙214
=271+[214]+214
=[699]

136⊙108
=[136]+108+[108]
=[352]

❶ **약속**

■◈●=■+■+●

335◈186
=335+□+186
=□

197◈241
=□+197+□
=□

❷ **약속**

■⊡●=■−●−●

648⊡257
=648−□−257
=□

871⊡329
=□−329−□
=□

❸ **약속**

■◬●=■+■−●

406◬532
=406+□−532
=□

350◬174
=□+350−□
=□

월 일

◆ 약속에 맞게 계산하시오.

약속

■⟐●=■+■+●

146⟐369= 661

208⟐172= 588

❶ **약속**

■⊡●=■−●−●

951⊡417= ☐

663⊡184= ☐

❷ **약속**

■⊙●=■+●+●

537⊙223= ☐

168⊙294= ☐

❸ **약속**

■◬●=■+■−●

348◬509= ☐

295◬428= ☐

❹ **약속**

■⊙●=■+●+●

386⊙145= ☐

661⊙128= ☐

❺ **약속**

■⊡●=■−●−●

779⊡261= ☐

948⊡376= ☐

잘 공부했는지 알아봅시다

월 일

1 □ 안에 알맞은 수를 써넣으시오.

❶ 653－□＝435 ⟷ 218＋□＝653

❷ 864－□＝738 ⟷ 126＋□＝864

2 다음 빈칸에 알맞은 수를 써넣으시오.

769	－272		＋133	

3 다음에서 설명하는 ㉠과 ㉡의 합은 얼마입니까?

㉠ 100이 1개, 10이 16개, 1이 26개
㉡ 100이 2개, 10이 20개, 1이 15개

4 ⊙를 다음과 같이 약속할 때 574⊙367을 계산하시오.

약속

㉮⊙㉯＝㉮＋㉮－㉯

6 세·네 자리 수의 덧셈과 뺄셈 (2)

533 어림하기

◑ 몇백으로 어림하여 계산한 다음, 실제 값과의 차를 구하시오.

	215+382
어림한 값	600
실제 값	597
차	3

❶

	786−403
어림한 값	
실제 값	
차	

❷

	178+526
어림한 값	
실제 값	
차	

❸

	824−675
어림한 값	
실제 값	
차	

❹

	479+291
어림한 값	
실제 값	
차	

❺

	696−382
어림한 값	
실제 값	
차	

몇백 몇십으로 어림하여 계산한 다음, 실제 값과의 차를 구하시오.

	141+168
어림한 값	310
실제 값	309
차	1

❶

	548−276
어림한 값	
실제 값	
차	

❷

	612+237
어림한 값	
실제 값	
차	

❸

	891−458
어림한 값	
실제 값	
차	

❹

	338+489
어림한 값	
실제 값	
차	

❺

	726−567
어림한 값	
실제 값	
차	

대소셈

◐ ○ 안에 >, =, <를 알맞게 써넣은 다음, 빈칸에 계산 결과를 쓰고 확인하시오.

276 + 139 (<) 431
[415]

❶ 724 − 131 ○ 576
[ ]

❷ 928 − 412 ○ 498
[ ]

❸ 132 + 344 ○ 476
[ ]

❹ 458 + 157 ○ 652
[ ]

❺ 801 − 678 ○ 143
[ ]

❻ 579 − 219 ○ 330
[ ]

❼ 442 + 336 ○ 769
[ ]

❽ 203 + 781 ○ 984
[ ]

❾ 917 − 445 ○ 490
[ ]

◆ ○ 안에 >, =, <를 알맞게 써넣은 다음, 빈칸에 계산 결과를 쓰고 확인하시오.

852−370	(=)	264+218
482		482

❶ 109+179 ○ 477−201

❷ 433+193 ○ 879−152

❸ 741−322 ○ 289+235

❹ 670−211 ○ 276+130

❺ 701+166 ○ 979−112

❻ 187+395 ○ 961−317

❼ 809−262 ○ 108+387

❽ 645−414 ○ 134+188

❾ 356+133 ○ 1267−831

535 합과 차

◐ 두 수의 합과 차를 빈칸에 써넣으시오.

	수	수	차	합
(예)	289	281	8	570
❶	464	459		
❷	314	311		
❸	173	167		
❹	260	258		
❺	507	498		
❻	385	384		
❼	179	172		
❽	432	428		

월 일

◆ 합과 차에 맞게 두 수를 구하여 큰 수부터 차례로 써넣으시오.

(예)
2
차
163 | 161
합
324

❶
4
차
[ ] | [ ]
합
710

❷
7
차
[ ] | [ ]
합
441

❸
1
차
[ ] | [ ]
합
961

❹
3
차
[ ] | [ ]
합
615

❺
8
차
[ ] | [ ]
합
376

❻
9
차
[ ] | [ ]
합
457

❼
6
차
[ ] | [ ]
합
704

❽
5
차
[ ] | [ ]
합
975

536 거꾸로셈

◐ ◯ 안에 + 또는 −를, □ 안에는 알맞은 수를 써넣으시오.

+242
566 → 808
◯(−) 242

❶
−368
511 → □
◯ 368

❷
−407
921 → □
◯ 407

❸
+259
383 → □
◯ 259

❹
+213
688 → □
◯ 213

❺
−581
760 → □
◯ 581

빈칸에 알맞은 수를 써넣으시오.

353 →(+588)→ 941 →(−512)→ 429

❶ □ →(+113)→ □ →(+231)→ 796

❷ □ →(−169)→ □ →(−328)→ 265

❸ □ →(+435)→ □ →(−264)→ 466

❹ □ →(+105)→ □ →(−472)→ 180

❺ □ →(−298)→ □ →(+152)→ 465

❻ □ →(−186)→ □ →(+611)→ 749

❼ □ →(+121)→ □ →(+547)→ 867

잘 공부했는지 알아봅시다

월 일

1 몇백으로 어림하여 계산한 다음, 실제 값과의 차를 구하시오.

❶

	286+304
어림한 값	
실제 값	
차	

❷

	987−594
어림한 값	
실제 값	
차	

2 빈칸에 알맞은 수를 써넣으시오.

□ —(−689)→ □ —(+266)→ 513

□ —(+457)→ □ —(−593)→ 642

3 ○ 안에 >, =, <를 알맞게 써넣으시오.

$$421-158 \bigcirc 253+196$$

4 ㉠과 ㉡을 각각 구하시오.

㉠+㉡=410　　㉠−㉡=10

7 문해결 연산

537 주사위 큰 합

◐ 계산 결과에 맞게 □ 안에 주사위의 눈의 수를 한 번씩 써넣으시오.

	1	3	3
+	2	4	6
	3	7	9

❶

	□	□	□
+	□	□	□
	3	8	5

❷

	□	□	□
+	□	□	□
	6	7	9

❸

	□	□	□
+	□	□	□
	7	8	0

❹

	□	□	□
+	□	□	□
	7	5	0

❺

	□	□	□
+	□	□	□
	8	8	7

⊕ 계산 결과가 가장 크도록 주사위의 눈의 수를 한 번씩 써넣고, 합을 구하시오.

	5	4	1
+	4	3	1
	9	7	2

❶ 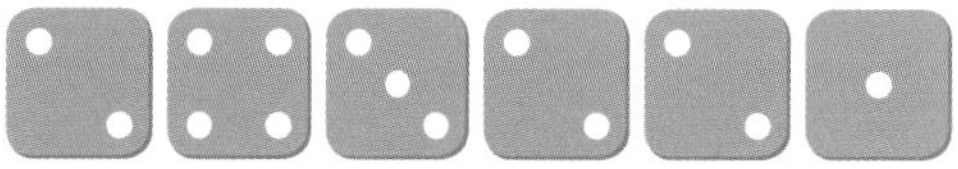

❷ 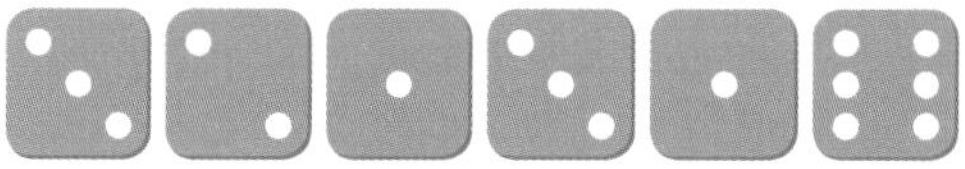

❸ 

❹ 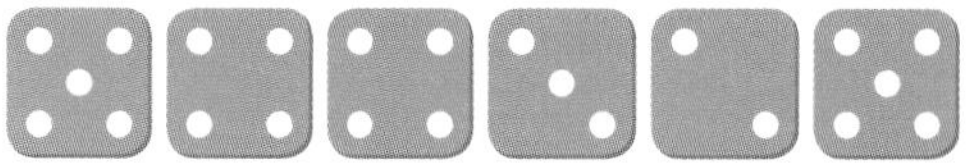

❺ 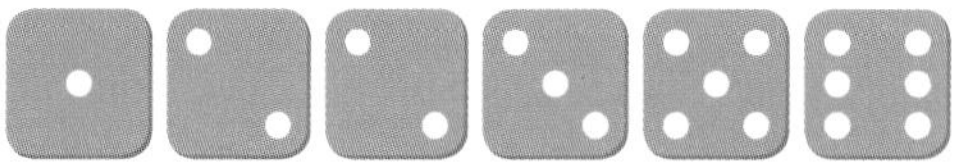

538 과녁 큰 차

◐ 과녁에 6개의 화살을 쏘았습니다. 계산 결과에 맞게 □ 안에 과녁에 꽂힌 수를 써넣으시오.

	7	3	2
−	4	3	3
	2	9	9

❶

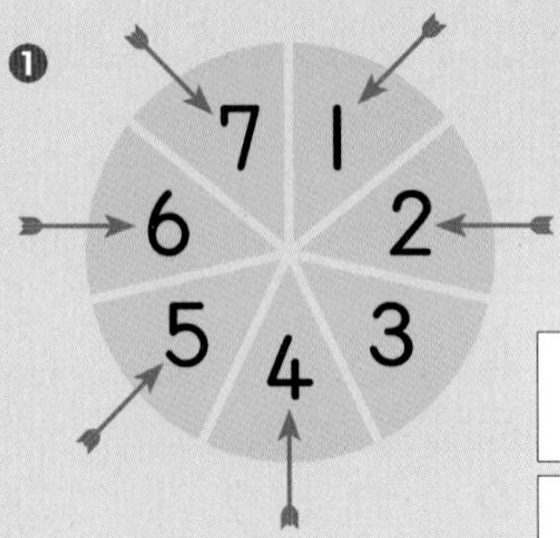

	□	□	□
−	□	□	□
	4	5	1

❷

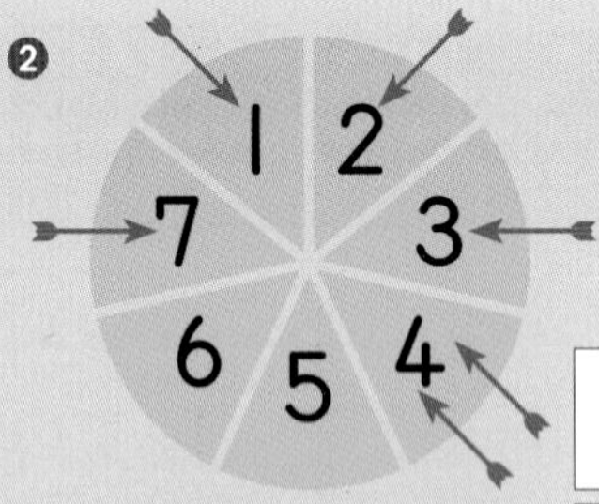

	□	□	□
−	□	□	□
	1	3	5

❸

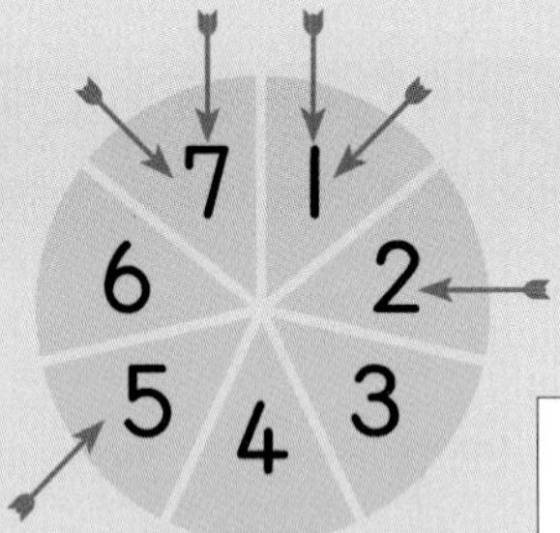

	□	□	□
−	□	□	□
	2	3	4

❹

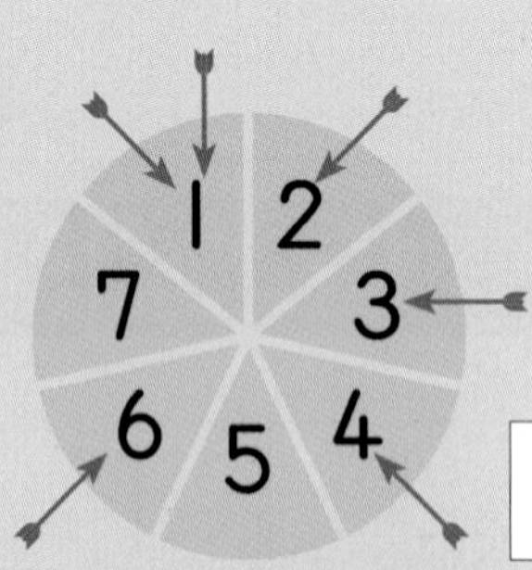

	□	□	□
−	□	□	□
	2	2	6

❺

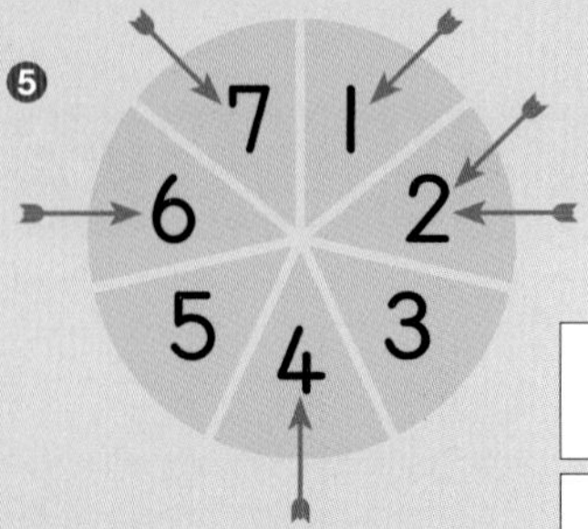

	□	□	□
−	□	□	□
	5	1	9

◆ 계산 결과가 가장 크도록 과녁에 꽂힌 수를 한 번씩 써넣고, 차를 구하시오.

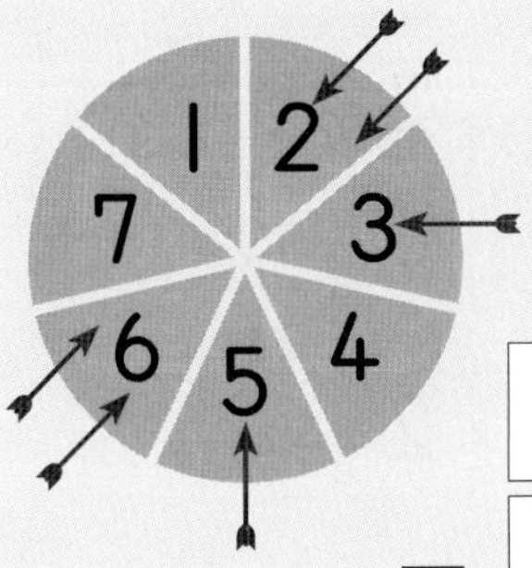

	6	6	5
−	2	2	3
	4	4	2

❶

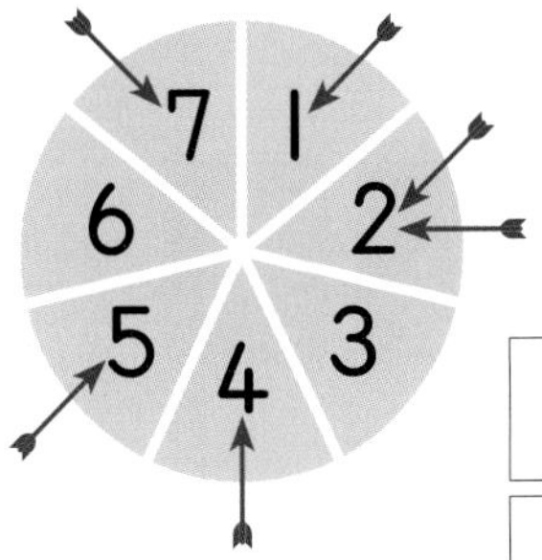

−			

❷

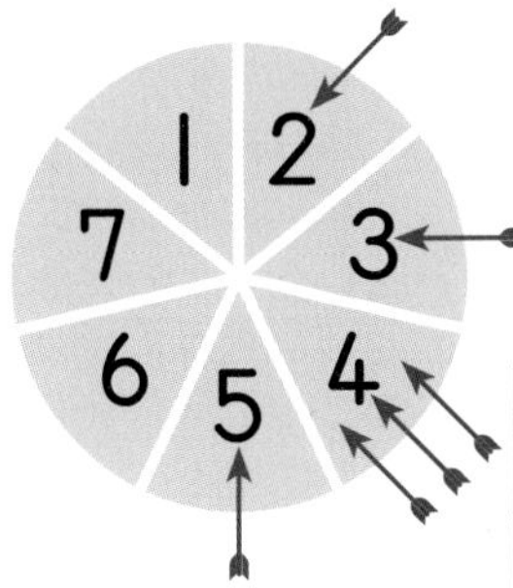

−			

❸

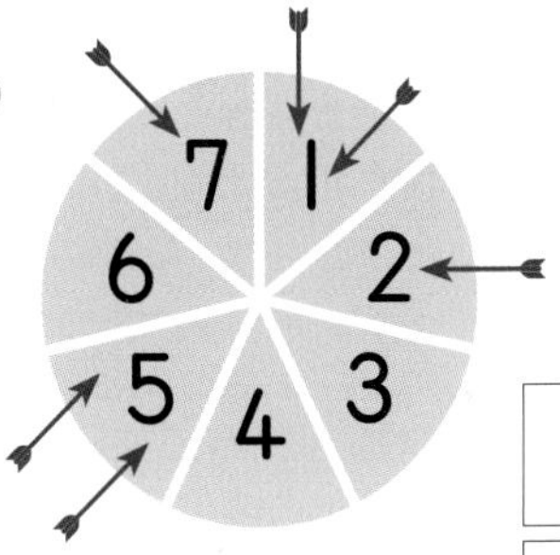

−			

❹

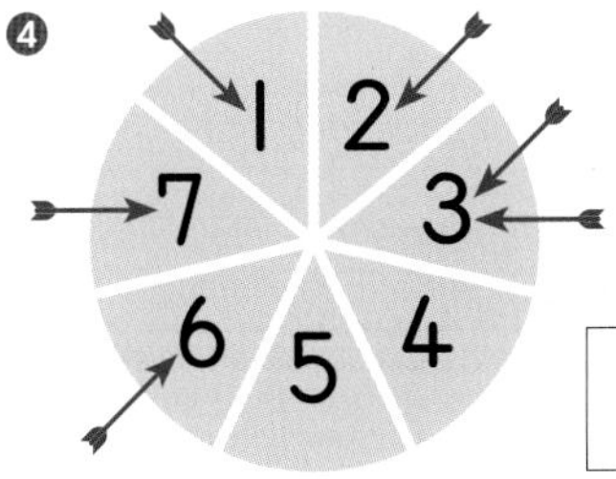

−			

❺

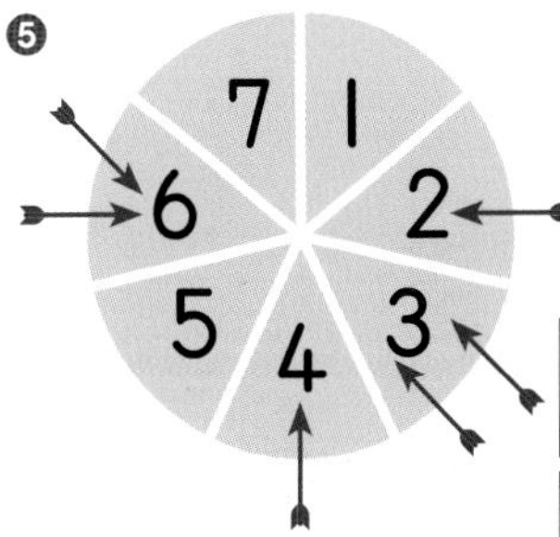

−			

539 숫자 카드 합과 차

◐ 숫자 카드를 한 번씩 사용하여 만들 수 있는 가장 큰 수와 가장 작은 수의 합과 차를 구한 것입니다. 빈칸에 알맞은 수를 써넣으시오.

4 5 7

		7	5	4		7	5	4
	+	4	5	7	−	4	5	7
1	2	1	1			2	9	7

❶

5 3 1

+				−			

❷

2 6 5

+				−			

❸

8 6 3

	+				−			

◆ 네 장의 숫자 카드 중 3장을 각각 한 번씩 사용하여 만들 수 있는 세 자리 중에서 가장 큰 수와 가장 작은 수의 합과 차를 구하시오.

0 2 6 8

$$\begin{array}{r} 862 \\ +\ 206 \\ \hline 1068 \end{array} \qquad \begin{array}{r} 862 \\ -\ 206 \\ \hline 656 \end{array}$$

❶

1 3 4 7

$$\begin{array}{r} \square\square\square \\ +\ \square\square\square \\ \hline \square\square\square \end{array} \qquad \begin{array}{r} \square\square\square \\ -\ \square\square\square \\ \hline \square\square\square \end{array}$$

❷

5 0 2 9

$$\begin{array}{r} \square\square\square \\ +\ \square\square\square \\ \hline \square\square\square\square \end{array} \qquad \begin{array}{r} \square\square\square \\ -\ \square\square\square \\ \hline \square\square\square \end{array}$$

❸

8 4 3 7

$$\begin{array}{r} \square\square\square \\ +\ \square\square\square \\ \hline \square\square\square\square \end{array} \qquad \begin{array}{r} \square\square\square \\ -\ \square\square\square \\ \hline \square\square\square \end{array}$$

540 숫자 카드 목표수

◐ 식에 맞게 왼쪽 숫자 카드를 한 번씩 써넣으시오.

숫자 카드: 1, 3, 4, 5, 7, 8

$$\begin{array}{r} 143 \\ +\ 587 \\ \hline 730 \end{array} \qquad \begin{array}{r} 147 \\ +\ 358 \\ \hline 505 \end{array}$$

❶ 숫자 카드: 0, 2, 3, 6, 8, 9

$$\begin{array}{r} \square\square\square \\ -\ \square\square\square \\ \hline 281 \end{array} \qquad \begin{array}{r} \square\square\square \\ -\ \square\square\square \\ \hline 765 \end{array}$$

❷ 숫자 카드: 1, 2, 5, 6, 7, 9

$$\begin{array}{r} \square\square\square \\ +\ \square\square\square \\ \hline 1479 \end{array} \qquad \begin{array}{r} \square\square\square \\ -\ \square\square\square \\ \hline 265 \end{array}$$

❸ 숫자 카드: 0, 1, 3, 4, 8, 7

$$\begin{array}{r} \square\square\square \\ +\ \square\square\square \\ \hline 482 \end{array} \qquad \begin{array}{r} \square\square\square \\ +\ \square\square\square \\ \hline 1211 \end{array}$$

◆ 조건에 맞게 숫자 카드를 한 번씩 써넣고, 계산하시오.

8	7	1
6	3	4

조건 합이 가장 크게

	8	6	3
+	7	4	1
1	6	0	4

조건 합이 가장 작게

	1	4	8
+	3	6	7
	5	1	5

❶

0	1	3
8	5	6

조건 차가 가장 크게

−			

조건 차가 가장 작게

−			

❷

2	6	5
4	7	9

조건 합이 가장 크게

+			

조건 차가 가장 크게

−			

잘 공부했는지 알아봅시다

월 일

1 숫자 카드를 한 번씩 사용하여 만들 수 있는 세 자리 수 중에서 가장 큰 수와 가장 작은 수의 합을 구하시오.

❶ 3 0 5 8

❷ 9 1 2 4

2 하나의 ▭ 안에 들어 있는 수의 합이 ● 안의 수와 같을 때 □ 안에 알맞은 수를 써넣으시오.

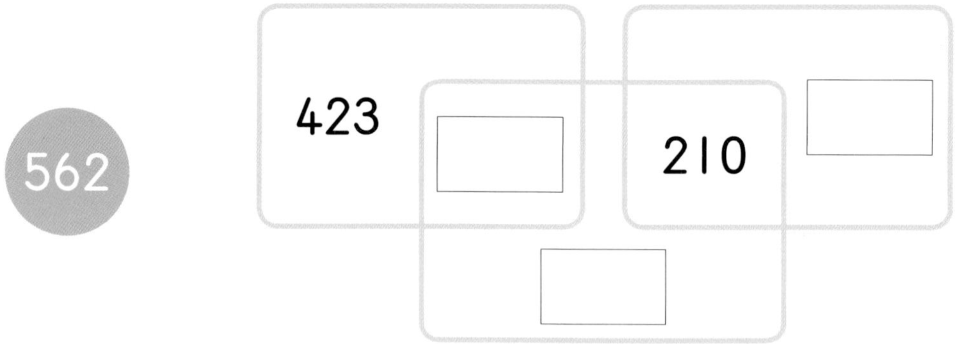

3 숫자 카드를 한 번씩 사용하여 조건에 맞는 식을 만들고 계산하시오.

7 1 6

4 9 2

조건 차가 가장 크게

조건 합이 가장 크게

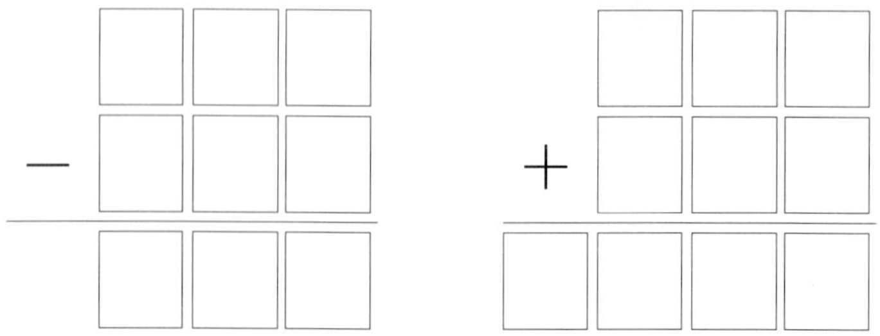

8 식으로 표현하기

541 문장제

◐ 문제에 맞게 식의 □ 안에 알맞은 수를 써넣으시오.

민호는 줄넘기를 147개 하였습니다. 정수는 민호보다 119개를 더 많이 했습니다. 정수는 줄넘기를 몇 개 하였습니까?

식 : [147] + [119] = [266] (개)　답 : 266 개

❶ 불국사 석가탑의 높이는 1075cm, 첨성대의 높이는 917cm입니다. 석가탑은 첨성대보다 몇 cm 더 높습니까?

식 : [ ] − [ ] = [ ] (cm)　답 : ______ cm

❷ 고려는 918년 태조 왕건에 의해 건국되었고, 474년 후 조선이 건국될 때까지 지속되었습니다. 조선이 건국된 해는 몇 년입니까?

식 : [ ] + [ ] = [ ] (년)　답 : ______ 년

❸ KTX 열차에 498명이 타고 있었습니다. 정류장에서 115명이 내리고, 286명이 탔습니다. 지금 열차에 타고 있는 사람은 모두 몇 명입니까?

식 : [ ] − [ ] + [ ] = [ ] (명)　답 : ______ 명

❹ 용돈으로 485원을 받아서 125원으로 사탕을 사고, 칠판을 닦아서 247원을 벌었습니다. 남은 돈은 얼마입니까?

식 : [ ] − [ ] + [ ] = [ ] (원)　답 : ______ 원

월 일

식과 답을 쓰시오.

정호는 줄넘기를 247개 하였고, 소정이는 정호보다 109개 더 적게 하였습니다. 소정이는 줄넘기를 몇 개 하였습니까?

식 : 247－109＝138(개) 답 : 138 개

❶ 어느 라디오 프로그램이 오늘 486회째 방송을 합니다. 이 프로그램이 매일 하는 방송이라고 할 때 일년 후에는 몇 회째 방송을 하게 됩니까? 단, 일년은 365일입니다.

식 : ______ 답 : ______ 회

❷ 대한민국의 명산으로 꼽히는 지리산의 높이는 1915m, 북한산의 높이는 837m입니다. 지리산은 북한산보다 몇 m 더 높습니까?

식 : ______ 답 : ______ m

❸ KTX 열차에 758명이 타고 있었습니다. 첫 번째 정류장에서 175명이 내리고 48명이 탔습니다. 지금 열차에 타고 있는 사람은 모두 몇 명입니까?

식 : ______ 답 : ______ 명

❹ 알뜰 시장에서 봉사활동을 하여 376원을 벌었고, 지우개를 하나 사서 269원을 썼습니다. 처음 가지고 있던 돈이 485원이라면 남은 돈은 얼마입니까?

식 : ______ 답 : ______ 원

542 표 문장제

◐ 2, 3학년 학생 중 안경을 쓴 학생을 조사하여 만든 표입니다. 표를 보고, 물음에 알맞은 식과 답을 쓰시오.

〈안경을 쓴 학생 수〉

	남학생	여학생
2학년	154	198
3학년	178	183

안경을 쓴 남학생은 몇 명입니까?

식 : 154＋178＝332(명)　　답 : 332 명

❶ 안경을 쓴 여학생은 몇 명입니까?

식 : ________　　답 : ____ 명

❷ 안경을 쓴 3학년 학생은 몇 명입니까?

식 : ________　　답 : ____ 명

❸ 2학년 학생 중에서 안경을 쓴 여학생은 안경을 쓴 남학생보다 몇 명 더 많습니까?

식 : ________　　답 : ____ 명

❹ 안경을 쓴 여학생은 안경을 쓴 남학생보다 몇 명 더 많습니까?

식 : ________　　답 : ____ 명

✤ 2, 3, 4학년 학생이 청군과 백군으로 나누어 경기를 하였습니다. 표를 보고, 물음에 알맞은 식과 답을 쓰시오.

〈청군, 백군 학생 수〉

	청군	백군
2학년	215	264
3학년	284	218
4학년	239	247

2학년 학생 수는 몇 명입니까?

식 : 215+264=479(명) 답 : 479 명

❶ 3학년 학생 수는 몇 명입니까?

식 : ______ 답 : ______ 명

❷ 3학년 학생은 2학년 학생보다 몇 명 더 많습니까?

식 : ______ 답 : ______ 명

❸ 2, 3, 4학년 학생 중 청군과 백군은 각각 모두 몇 명입니까?

식 : (청군) ______ 답 : (청군) ______ 명

(백군) ______ (백군) ______ 명

❹ 청군과 백군 중 어느 쪽이 몇 명 더 많습니까?

식 : ______ 답 : ______ 군, ______ 명

543 그림 지도

◐ 그림 지도를 보고 물음에 답하시오.

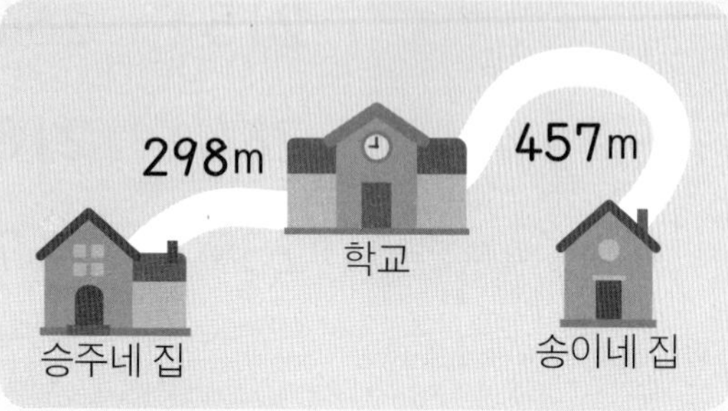

학교에서 누구네 집이 몇 m 더 멉니까?

송이 네, 159 m

❶

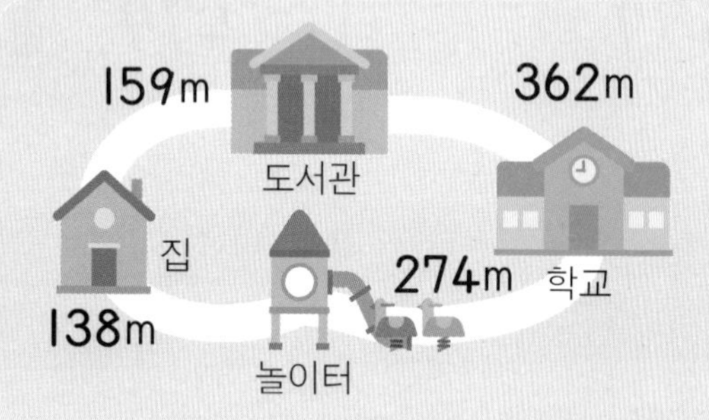

집에서 도서관을 들러 학교까지 가려고 합니다. 몇 m를 가야 합니까?

________ m

❷

집에서 놀이터를 거쳐 도서관까지의 거리가 561m입니다. 집에서 놀이터까지의 거리가 237m일 때, 놀이터에서 도서관까지의 거리는 몇 m입니까?

________ m

❸

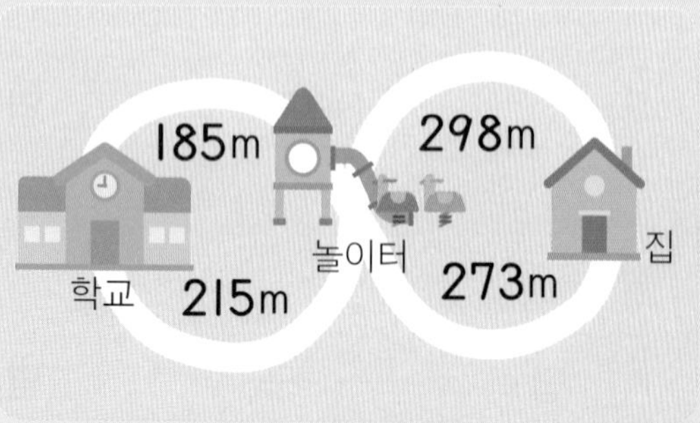

학교에서 집까지 가는 가장 빠른 길의 거리는 몇 m입니까?

________ m

❖ 어느 마을의 그림 지도입니다. 물음에 답하시오.

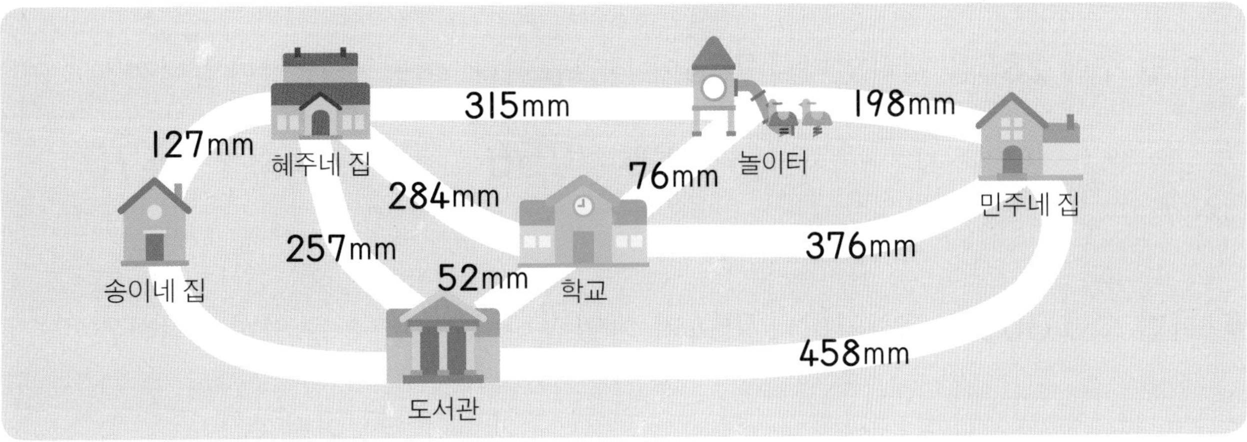

혜주네 집에서 출발하여 학교에 들렀다가 민주네 집으로 가려면 몇 m를 가야 합니까? 단, 다른 곳에는 들르지 않습니다.

식 : 284+376=660(m) 답 : 660 m

❶ 민주네 집에서 도서관을 거쳐 송이네 집까지의 거리가 613m입니다. 도서관에서 송이네 집까지의 거리는 몇 m입니까?

식 : ________ 답 : ____ m

❷ 혜주네 집에서 출발하여 도서관과 학교를 거쳐 민주네 집에 가려고 합니다. 모두 몇 m를 가야 합니까?

식 : ________ 답 : ____ m

544 바르게 계산하기

◐ 어떤 수를 □를 사용한 식으로 나타내고 구하시오.

어떤 수에 286을 더하였더니 756이 되었습니다. 어떤 수는 얼마입니까?

식 : □+286=756　　어떤 수 : 470

❶ 어떤 수에 305를 더하였더니 754가 되었습니다. 어떤 수는 얼마입니까?

식 : ____________　　어떤 수 : ______

❷ 892에서 어떤 수를 뺐더니 453이 되었습니다. 어떤 수는 얼마입니까?

식 : ____________　　어떤 수 : ______

❸ 어떤 수에서 191을 빼면 285입니다. 어떤 수는 얼마입니까?

식 : ____________　　어떤 수 : ______

❹ 761과 어떤 수의 합은 980입니다. 어떤 수는 얼마입니까?

식 : ____________　　어떤 수 : ______

❺ 어떤 수와 125의 차는 451입니다. 어떤 수는 얼마입니까?

식 : ____________　　어떤 수 : ______

월 일

바르게 계산하고, 잘못 계산된 결과와의 차가 얼마인지 구하시오.

어떤 수에서 268을 빼야 하는데 잘못하여 268을 더했더니 702가 나왔습니다.

식 : □+268=702

어떤 수 : 434

바른 계산 : 434-268=166

차 : 702-166=536

❶ 어떤 수에 156을 더해야 하는데 잘못하여 156을 뺐더니 243이 나왔습니다.

식 :

어떤 수 :

바른 계산 :

차 :

❷ 어떤 수에서 312를 빼야 하는데 잘못하여 312를 더했더니 648이 되었습니다.

식 :

어떤 수 :

바른 계산 :

차 :

잘 공부했는지 알아봅시다

월 일

1 과수원에서 이틀 동안 딴 사과의 개수를 바르게 고치시오.

> 지우네 과수원에서 어제는 사과를 326개 따고, 오늘은 168개를 따서, 이틀 동안 810개를 땄습니다.

2 376에서 어떤 수를 빼야 하는데 잘못하여 더했더니 723이 되었습니다. 바르게 계산하시오.

3 다음 표는 슈퍼마켓에서 어제와 오늘 판 빵과 우유의 개수입니다. 이틀 동안 빵과 우유 중 어느 것이 몇 개 더 팔렸습니까?

	어제	오늘
빵(개)	293	376
우유(개)	321	305

4 다음을 읽고 ■ 안의 수를 빈칸에 알맞게 써넣으시오.

> 강당에 □ 명의 학생이 있었습니다. 강당에서 □ 명의 학생이 나가고, 다시 □ 명이 들어와서 처음보다 많은 □ 명이 되었습니다.
>
> 676 879
> 234 437

MEMO

MEMO

사고셈

정답 및 해설
Guide Book

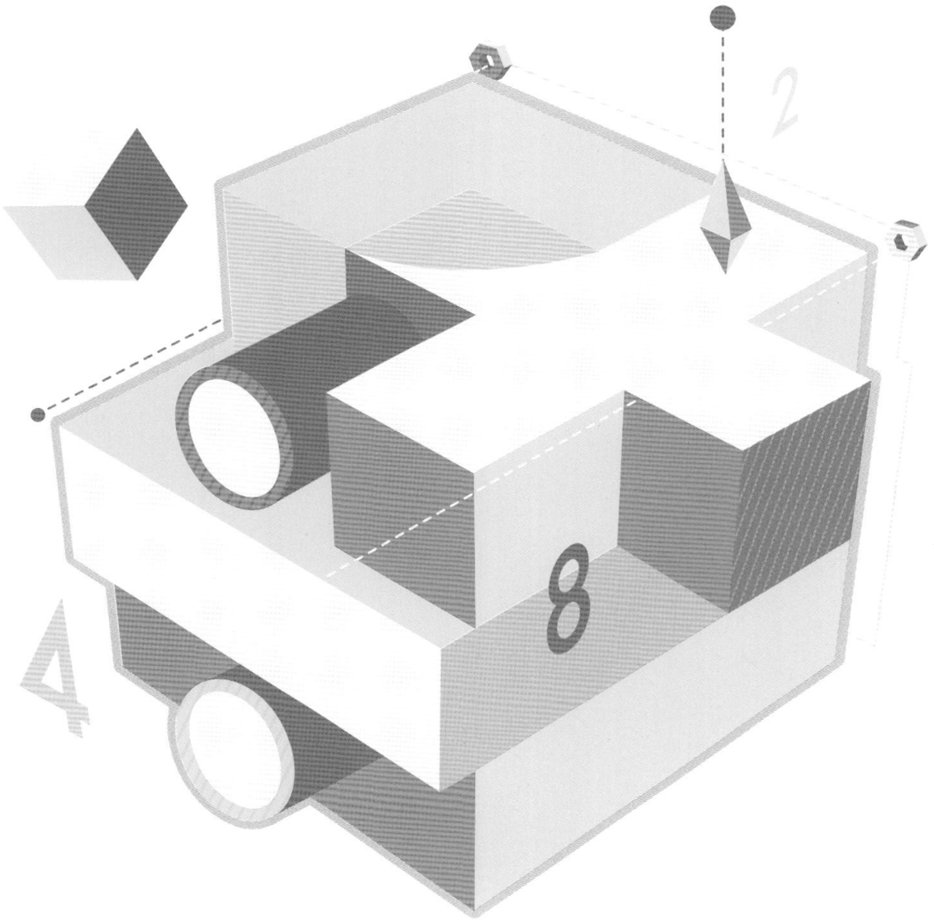

초등3 1호

세·네 자리 수의 덧셈과 뺄셈

NE 능률

513 풍선 터뜨리기

◐ 두 수의 합을 어림하여 점수의 범위에 맞게 풍선 두 개를 터뜨리시오.

(예) 100(×) 400 350 290(×) — 301~400
100+290= 390

❶ 410 300(×) 180(×) 490 — 401~500
300+180= 480

❷ 610(×) 120 280(×) 870 — 801~900

❸ 480(×) 230(×) 190 610 — 601~700

❹ 120 520(×) 730 250(×) — 701~800

❺ 580 200 420(×) 180(×) — 501~600

◑ 두 수의 합을 어림하여 점수의 범위에 맞게 풍선 두 개를 터뜨리시오.

(예) 353 115(×) 251 150(×) 289 — 250~300
115+150= 265

❶ 297 203(×) 250 301 121(×) — 300~350
203+121= 324

❷ 159(×) 108 396 404 231(×) — 400~450

❸ 396 455 303(×) 213(×) 351 — 500~550

❹ 191 407 399 351(×) 147(×) — 450~500

❺ 311(×) 257(×) 391 412 501 — 550~600

514 수 카드 어림하기

월 일

◐ 수 카드 중 두 장을 사용하여 식을 완성하시오. 수를 어림하여 완성합니다.

예시 답안 이외에도 더하는 두 수를 바꾸어 식을 완성할 수 있습니다.

251 268 247

251 + 247 = 498

또는 247 + 251 = 498

❶ 192 410 390

192 + 410 = 602

또는 410 + 192 = 602

❷ 357 424 277

424 + 277 = 701

❸ 285 312 392

285 + 312 = 597

❹ 137 218 168

137 + 168 = 305

❺ 197 237 206

197 + 206 = 403

❻ 486 563 336

563 + 336 = 899

❼ 372 448 398

372 + 448 = 820

◑ 수 카드 중 세 장을 사용하여 식을 완성하시오.

예시 답안 이외에도 더하는 두 수를 바꾸어 식을 완성할 수 있습니다.

702 309 304 499 398

304 + 398 = 702

또는 398 + 304 = 702

❶ 897 1498 797 701 791

797 + 701 = 1498

또는 701 + 797 = 1498

❷ 601 1295 694 894 501

601 + 694 = 1295

❸ 489 404 393 893 511

489 + 404 = 893

❹ 801 192 983 891 182

801 + 182 = 983

❺ 1105 508 701 604 597

508 + 597 = 1105

515 덧셈 방법

◐ 여러 가지 방법의 덧셈 설명을 보고 □ 안에 알맞은 수를 써넣으시오.

246 + 132

300, 70, 8, 378

200과 100, 40과 30, 6과 2를 더한 다음, 그 결과를 모두 더합니다.

❶ 457 + 122

400, 57, 100, 22

500, 79

579

400과 100, 57과 22를 더한 다음, 그 결과를 더합니다.

❷ 267 + 192

200, 8

467

459

267에 200을 더한 다음, 그 결과에서 8을 뺍니다.

❸ 421 + 295

400, 21, 300, 5

700, 16

716

400과 300을 더하고 21에서 5를 뺀 다음, 그 결과를 더합니다.

◑ 여러 가지 방법으로 덧셈을 한 것입니다. □ 안에 알맞은 수를 써넣으시오.

361 + 213

500, 70, 4, 574

300과 200, 60과 10, 1과 3을 더한 다음, 그 결과를 모두 더합니다.

❶ 236 + 762

200, 36, 700, 62

900, 98

998

200과 700, 36과 62를 더한 다음, 그 결과를 더합니다.

❷ 435 + 293

300, 7

735

728

❸ 627 + 192

600, 27, 200, 8

800, 19

819

❹ 215 + 617

800, 20, 12, 832

❺ 235 + 167

230, 5, 160, 7

390, 12

402

516 가로 덧셈

◐ 여러 가지 방법으로 덧셈을 한 것입니다. □ 안에 알맞은 수를 써넣으시오.

100과 400, 50과 10, 3과 4를 더한 다음, 그 결과를 모두 더합니다.

153+414
=(100+400)+(50+10)+(3+4)
=500+60+7=567

❶ 500과 200, 46과 17을 더한 다음, 그 결과를 더합니다.

546+217
=(500+46)+(200+17)
=(500+200)+(46+17)
=700+63=763

❷ 370과 210, 6과 7을 더한 다음, 그 결과를 더합니다.

376+217
=(370+6)+(210+7)
=(370+210)+(6+7)
=580+13=593

❸ 600과 200을 더하고 36에서 2를 뺀 다음, 그 결과를 더합니다.

636+198
=(600+36)+(200−2)
=(600+200)+(36−2)
=800+34=834

월 일

◑ 여러 가지 방법으로 덧셈을 한 것입니다. □ 안에 알맞은 수를 써넣으시오.

247+725=(200+700)+(40+20)+(7+5)
=900+60+12=972

200과 700, 40과 20, 7과 5를 더한 다음, 그 결과를 모두 더합니다.

❶ 629+245=(600+29)+(200+45)
=(600+200)+(29+45)
=800+74=874

600과 200, 29과 45를 더한 다음, 그 결과를 더합니다.

❷ 414+269=(410+4)+(260+9)
=(410+260)+(4+9)
=670+13=683

❸ 512+295=(500+12)+(300−5)
=(500+300)+(12−5)
=800+7=807

잘 공부했는지 알아봅시다

월 일

1 두 수의 합을 어림하여 더 가까운 수에 ○표 하시오.

❶ 285+273 | 500 / (550)

285+273= 558

❷ 578+335 | (900) / 950

578+335= 913

2 두 수의 합을 어림하여 계산 결과가 작은 것부터 차례로 기호를 쓰시오. ㉢, ㉣, ㉡, ㉠

㉠ 624+196 820 ㉡ 385+303 688

㉢ 434+112 546 ㉣ 252+358 610

3 여러 가지 덧셈 방법으로 계산한 것입니다. □ 안에 알맞은 수를 써넣으시오.

❶ 5 2 9 + 2 8 5

700

100

14

814

500과 200, 20과 80, 9과 5를 더한 다음, 그 결과를 모두 더합니다.

❷ 4 6 8 + 3 8 4

460 8 380 4

840 12

852

460과 380, 8과 4를 더한 다음, 그 결과를 더합니다.

517 세로 덧셈

월 일

◐ □ 안에 알맞은 수를 써넣으시오.

예시:
$$\begin{array}{r} 364 \\ +\ 172 \\ \hline 6 \end{array} \rightarrow \begin{array}{r} ^{1}\ \ \ \\ 364 \\ +\ 172 \\ \hline 36 \end{array} \rightarrow \begin{array}{r} ^{1}\ \ \ \\ 364 \\ +\ 172 \\ \hline 536 \end{array}$$

❶
$$\begin{array}{r} ^{1}\ \ \\ 308 \\ +\ 564 \\ \hline 2 \end{array} \rightarrow \begin{array}{r} ^{1}\ \ \\ 308 \\ +\ 564 \\ \hline 72 \end{array} \rightarrow \begin{array}{r} ^{1}\ \ \\ 308 \\ +\ 564 \\ \hline 872 \end{array}$$

❷
$$\begin{array}{r} ^{1}\ \ \\ 276 \\ +\ 385 \\ \hline 1 \end{array} \rightarrow \begin{array}{r} ^{1\,1}\ \ \\ 276 \\ +\ 385 \\ \hline 61 \end{array} \rightarrow \begin{array}{r} ^{1\,1}\ \ \\ 276 \\ +\ 385 \\ \hline 661 \end{array}$$

❸
$$\begin{array}{r} ^{1}\ \ \\ 937 \\ +\ 484 \\ \hline 1 \end{array} \rightarrow \begin{array}{r} ^{1\,1}\ \ \\ 937 \\ +\ 484 \\ \hline 21 \end{array} \rightarrow \begin{array}{r} ^{1\,1}\ \ \\ 937 \\ +\ 484 \\ \hline 1421 \end{array}$$

◐ 세로셈으로 고쳐 계산하시오.

예시: 276+142= 418
$$\begin{array}{r} 276 \\ +\ 142 \\ \hline 418 \end{array}$$

❶ 258+361= 619
$$\begin{array}{r} 258 \\ +\ 361 \\ \hline 619 \end{array}$$

❷ 436+392= 828
$$\begin{array}{r} 436 \\ +\ 392 \\ \hline 828 \end{array}$$

❸ 547+134= 681
$$\begin{array}{r} 547 \\ +\ 134 \\ \hline 681 \end{array}$$

❹ 173+418= 591
$$\begin{array}{r} 173 \\ +\ 418 \\ \hline 591 \end{array}$$

❺ 675+849= 1524
$$\begin{array}{r} 675 \\ +\ 849 \\ \hline 1524 \end{array}$$

고치기

◐ 잘못 계산된 부분을 찾아 바르게 고치시오.

보기: 276 + 348 = ~~5~~~~1~~4 → 624

❶ 746 + 195 = ~~8~~~~3~~1 → 941

❷ 347 + 282 = ~~5~~29 → 629

❸ 576 + 255 = ~~7~~~~2~~1 → 831

❹ 964 + 478 = 1~~3~~~~3~~2 → 1442

❺ 438 + 245 = 6~~7~~3 → 683

❻ 839 + 484 = 1~~2~~~~1~~3 → 1323

❼ 617 + 388 = ~~9~~~~9~~5 → 1005

❽ 166 + 753 = ~~8~~19 → 919

❾ 761 + 596 = 1~~2~~57 → 1357

❿ 274 + 807 = 10~~7~~1 → 1081

⓫ 328 + 993 = 1~~2~~~~1~~1 → 1321

받아올림한 수를 빠뜨리고 계산하는 경우가 종종 있습니다.
계산이 익숙해질 때까지 받아올림한 수를 기록하여 계산하도록 하는 것도 실수를 줄이는 하나의 방법입니다.

◑ 틀린 답을 찾아 바르게 고치시오.

보기: 376 + 253 = 629 / 465 + 129 = ~~584~~ → 594 / 237 + 398 = 635 / 429 + 787 = 1216

❶ 128 + 267 = 395 / 723 + 192 = 915 / 427 + 794 = ~~1211~~ → 1221 / 364 + 453 = 817

❷ 291 + 639 = 930 / 322 + 487 = ~~709~~ → 809 / 625 + 269 = 894 / 537 + 785 = 1322

❸ 935 + 488 = 1423 / 773 + 218 = 991 / 634 + 197 = ~~821~~ → 831 / 142 + 781 = 923

519 체인지셈

◐ 색칠된 두 숫자를 바꾸어 계산하시오.

(예) $215 + 367 = 582$ → $275 + 361 = 636$
1과 7의 자리를 서로 바꾸어 식을 만듭니다. 2 [7] 5 + 3 6 [1]

❶ $329 + 749 = 1078$ → $379 + 249 = 628$
2와 7의 자리를 서로 바꾸어 식을 만듭니다. 3 [7] 9 + [2] 4 9

❷ $782 + 163 = 945$ → $781 + 263 = 1044$

❸ $275 + 516 = 791$ → $675 + 512 = 1187$

❹ $667 + 315 = 982$ → $661 + 375 = 1036$

❺ $927 + 138 = 1065$ → $987 + 132 = 1119$

❻ $467 + 391 = 858$ → $437 + 691 = 1128$

❼ $493 + 256 = 749$ → $495 + 236 = 731$

월 일

◑ 다음 식은 숫자 두 개가 바뀐 것입니다. 바뀐 숫자에 ○표 하고 바르게 고치시오.

(예) 1(7)5 + 24(3) = 382 → $135 + 247 = 382$
일의 자리 수의 계산에서 합이 2 또는 12가 되는 두 수를 찾아봅니다.

❶ 84(3) + 1(8)6 = 984 → $848 + 136 = 984$
일의 자리 계산에서 합이 4 또는 14가 되는 두 수를 찾아봅니다.

❷ (8)93 + 54(2) = 841 → $293 + 548 = 841$

❸ 3(4)7 + (2)91 = 818 → $327 + 491 = 818$

❹ (9)53 + 4(1)7 = 650 → $153 + 497 = 650$

❺ 3(5)9 + 24(0) = 554 → $309 + 245 = 554$

❻ 46(2) + (5)83 = 748 → $465 + 283 = 748$

❼ 23(7) + 1(4)8 = 412 → $234 + 178 = 412$

520 숫자 카드 벌레셈

◐ 다음 빈칸에 알맞은 수를 써넣으시오.

(예시) 274 + 176 = 450

❶ 691 + 127 = 818

❷ 515 + 458 = 973

❸ 128 + 794 = 922

❹ 819 + 593 = 1412

❺ 431 + 288 = 719

❻ 223 + 998 = 1221

❼ 427 + 335 = 762

❽ 382 + 578 = 960

❾ 325 + 536 = 861

❿ 753 + 179 = 932

⓫ 471 + 256 = 727

월 일

◐ 숫자 카드를 한 번씩 모두 사용하여 덧셈식을 완성하시오.

예시 답안 이외에도 십의 자리 숫자끼리, 일의 자리 숫자끼리 바꾸어 식을 완성할 수 있습니다.

(예시) 숫자 카드: 0, 1, 3, 8
153 + 248 = 401
158 + 243 = 401

❶ 숫자 카드: 3, 5, 6, 9
354 + 192 = 546
394 + 152 = 546

❷ 숫자 카드: 1, 4, 5, 7
429 + 145 = 574

❸ 숫자 카드: 1, 2, 5, 6
562 + 369 = 931

❹ 숫자 카드: 2, 4, 8, 9
344 + 978 = 1322

❺ 숫자 카드: 1, 2, 3, 6
632 + 183 = 815
633 + 182 = 815

❻ 숫자 카드: 2, 6, 7, 8
623 + 247 = 870

❼ 숫자 카드: 2, 5, 6, 8
256 + 566 = 822

잘 공부했는지 알아봅시다

월 일

1 오른쪽 계산식에서 □ 안의 숫자 1이 실제로 나타내는 수는 각각 얼마입니까?

㉠ ㉡
[1][1]
  3 3 9
+ 5 8 4
  9 2 3

㉠ : 100 ㉡ : 10

십의 자리로 받아올림한 숫자 1은 실제로는 10을, 백의 자리로 받아올림한 숫자 1은 실제로는 100을 나타냅니다.

2 □ 안에 알맞은 숫자를 써넣으시오.

❶
  2 [1] 7
+ 6 4 [6]
  [8] 6 3

❷
  5 6 [8]
+ [4] 6 3
1 0 [3] 1

3 숫자 카드를 모두 한 번씩 사용하여 덧셈식을 완성하시오.

0 1 2 6 7

  5 [7] 8
+ [1] 8 [2]
  7 [6] [0]

풍선 터뜨리기

◐ 두 수의 차를 어림하여 점수의 범위에 맞게 풍선 두 개를 터뜨리시오.

(예) 550, 250, 100, 850 / 101~200
250－100＝150

❶ 320, 610, 490, 950 / 201~300
610－320＝290

❷ 170, 530, 980, 720 / 301~400

❸ 240, 790, 110, 650 / 401~500

❹ 510, 190, 620, 710 / 501~600

❺ 820, 910, 270, 590 / 601~700

월 일

◈ 두 수의 차를 어림하여 점수의 범위에 맞게 풍선 두 개를 터뜨리시오.

(예) 110, 520, 190, 410, 290 / 150~200
290－110＝180

❶ 210, 380, 720, 490, 810 / 200~250
720－490＝230

❷ 190, 560, 610, 755, 290 / 250~300

❸ 195, 330, 615, 790, 635 / 300~350

❹ 765, 290, 255, 395, 490 / 350~400

❺ 810, 275, 165, 625, 915 / 400~450

522 수 카드 어림하기

◐ 수 카드 중 두 장을 사용하여 식을 완성하시오. 수를 어림하여 완성합니다.

114 612 113

612 − 114 = 498

❶ 799 502 302

799 − 302 = 497

❷ 410 510 111

510 − 111 = 399

❸ 281 982 392

982 − 281 = 701

❹ 553 453 856

856 − 553 = 303

❺ 283 753 183

753 − 183 = 570

❻ 876 776 242

876 − 242 = 634

❼ 958 858 1487

1487 − 958 = 529

월 일

◑ 수 카드 중 세 장을 사용하여 식을 완성하시오.

예시 답안 이외에도 빼는 수와 계산 결과를 서로 바꾸어 식을 완성할 수 있습니다.

697 201 397 598 861

598 − 201 = 397

또는 598 − 397 = 201

❶ 698 933 752 358 394

752 − 394 = 358

또는 752 − 358 = 394

❷ 897 412 512 596 385

897 − 385 = 512

또는 897 − 512 = 385

❸ 498 604 106 398 118

604 − 106 = 498

또는 604 − 498 = 106

❹ 468 568 846 178 746

746 − 178 = 568

또는 746 − 568 = 178

❺ 812 912 693 219 319

912 − 693 = 219

또는 912 − 219 = 693

523 뺄셈 방법

◐ 여러 가지 방법의 뺄셈 설명을 보고 □ 안에 알맞은 수를 써넣으시오.

8 6 4 − 3 2 1
500
40
3
543

800에서 300, 60에서 20, 4에서 1을 뺀 다음, 그 결과를 모두 더합니다.

❶ 7 3 5 − 4 1 3
700 35 400 13
300 22
322

700에서 400, 35에서 13을 뺀 다음, 그 결과를 더합니다.

❷ 5 7 2 − 1 9 5
200 5
372
377

572에서 200을 뺀 다음, 그 결과에 5를 더합니다.

❸ 6 8 3 − 1 9 8
600 83 200 2
400 85
485

600에서 200을 빼고 83에 2를 더한 다음, 그 결과를 더합니다.

월 일

◈ 여러 가지 방법으로 뺄셈을 한 것입니다. □ 안에 알맞은 수를 써넣으시오.

9 9 6 − 2 5 3
700
40
3
743

900에서 200, 90에서 50, 6에서 3을 뺀 다음, 그 결과를 모두 더합니다.

❶ 8 7 5 − 7 5 3
800 75 700 53
100 22
122

800에서 700, 75에서 53을 뺀 다음, 그 결과를 더합니다.

❷ 3 4 6 − 1 9 3
200 7
146
153

❸ 5 8 6 − 3 9 7
500 86 400 3
100 89
189

❹ 8 6 4 − 5 5 1
300
10
3
313

❺ 4 5 6 − 2 6 8
356 100 200 68
156 32
188

524 가로 뺄셈

◆ 여러 가지 방법으로 뺄셈을 한 것입니다. □ 안에 알맞은 수를 써넣으시오.

$895-561$
$=800+90+\boxed{5}-500-\boxed{60}-1$
$=(800-\boxed{500})+(\boxed{90}-\boxed{60})+(5-\boxed{1})$
$=\boxed{300}+\boxed{30}+\boxed{4}=\boxed{334}$

800에서 500, 90에서 60, 5에서 1을 뺀 다음, 그 결과를 모두 더합니다.

❶ $536-327$
$=500+\boxed{36}-\boxed{300}-27$
$=(500-\boxed{300})+(36-\boxed{27})$
$=200+\boxed{9}=\boxed{209}$

500에서 300, 36에서 27을 뺀 다음, 그 결과를 더합니다.

❷ $638-213$
$=638-200-\boxed{13}$
$=(638-\boxed{200})-13$
$=\boxed{438}-13=\boxed{425}$

638에서 200을 뺀 다음, 그 결과에서 13을 뺍니다.

❸ $727-398$
$=700+\boxed{27}-\boxed{400}+2$
$=(700-\boxed{400})+(27+\boxed{2})$
$=\boxed{300}+29=\boxed{329}$

700에서 400을 빼고 27에 2를 더한 다음, 그 결과를 더합니다.

월 일

◆ 여러 가지 방법으로 뺄셈을 한 것입니다. □ 안에 알맞은 수를 써넣으시오.

$455-243=400+50+\boxed{5}-200-\boxed{40}-3$
$=(400-\boxed{200})+(\boxed{50}-40)+(5-\boxed{3})$
$=\boxed{200}+\boxed{10}+\boxed{2}=\boxed{212}$

400에서 200, 50에서 40, 5에서 3을 뺀 다음, 그 결과를 모두 더합니다.

❶ $782-517=700+\boxed{82}-\boxed{500}-17$
$=(700-\boxed{500})+(82-\boxed{17})$
$=200+\boxed{65}=\boxed{265}$

700에서 500, 82에서 17을 뺀 다음, 그 결과를 더합니다.

❷ $583-229=583-200-\boxed{29}$
$=(583-\boxed{200})-29$
$=\boxed{383}-29=\boxed{354}$

❸ $613-198=600+\boxed{13}-\boxed{200}+2$
$=(600-\boxed{200})+(13+\boxed{2})$
$=\boxed{400}+\boxed{15}=\boxed{415}$

잘 공부했는지 알아봅시다

월 일

1 두 수의 차가 ▭ 안의 수와 가장 가까운 두 수를 찾아 ○표 하시오.

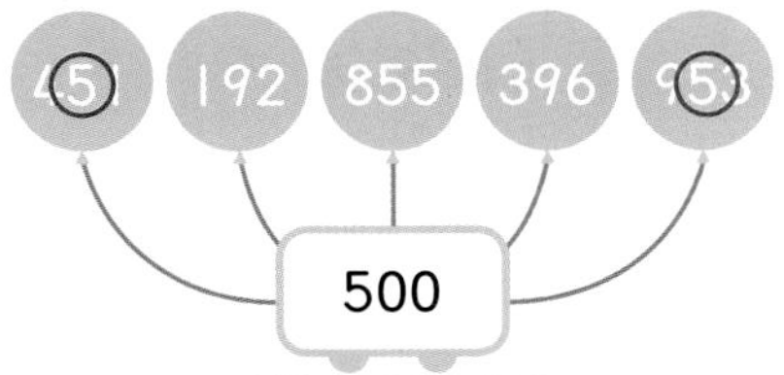

953－451＝502

2 여러 가지 뺄셈 방법으로 계산한 것입니다. □ 안에 알맞은 수를 써넣으시오.

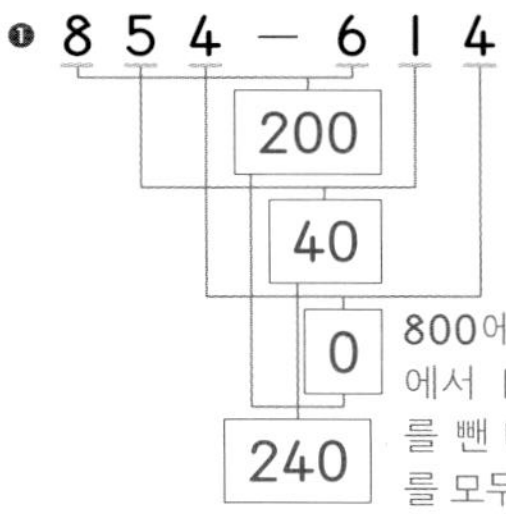

800에서 600, 50에서 10, 4에서 4를 뺀 다음, 그 결과를 모두 더합니다.

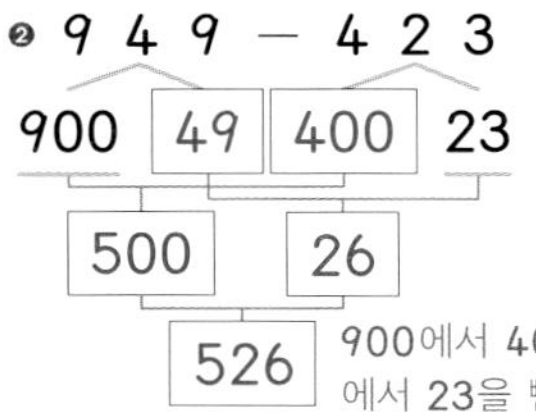

900에서 400, 49에서 23을 뺀 다음, 그 결과를 더합니다.

3 196이 200보다 4 작은 수임을 이용하여 493－196을 계산하였습니다. 같은 방법으로 다음 뺄셈을 하시오.

493－196
＝493－200＋4
＝293＋4＝297

842－492
＝842－500＋8
＝342＋8＝350

842에서 492보다 8 큰 수인 500을 뺀 다음, 다시 8을 더합니다.

525 세로 뺄셈

월 일

◆ □ 안에 알맞은 수를 써넣으시오.

(보기) 645 − 353: 일의 자리 [2] → 백의 자리에서 받아내림 [5][10], 십의 자리 [9][2] → [2][9][2]

❶ 946 − 417: 받아내림 [3][10] → [9] → [2][9] → [5][2][9]

❷ 422 − 285: 받아내림 [1][10] → [7] → 받아내림 [3][11][10] → [3][7] → [1][3][7]

❸ 1551 − 976: 받아내림 [4][10] → [5] → 받아내림 [4][14][10] → [7][5] → 받아내림 [14][14][10] → [5][7][5]

◆ 세로셈으로 고쳐 계산하시오.

(보기) 539 − 243 = [296]
$$\begin{array}{r} 539 \\ -\ 243 \\ \hline 296 \end{array}$$

❶ 773 − 481 = [292]
$$\begin{array}{r} 773 \\ -\ 481 \\ \hline 292 \end{array}$$

❷ 857 − 595 = [262]
$$\begin{array}{r} 857 \\ -\ 595 \\ \hline 262 \end{array}$$

❸ 527 − 318 = [209]
$$\begin{array}{r} 527 \\ -\ 318 \\ \hline 209 \end{array}$$

❹ 751 − 538 = [213]
$$\begin{array}{r} 751 \\ -\ 538 \\ \hline 213 \end{array}$$

❺ 558 − 279 = [279]
$$\begin{array}{r} 558 \\ -\ 279 \\ \hline 279 \end{array}$$

고치기

월 일

◐ 잘못 계산된 부분을 찾아 바르게 고치시오.

(예) 908 − 346 = ~~6~~62 → 5 (562)

❶ 753 − 527 = 2~~3~~6 → 2 (226)

❷ 367 − 174 = ~~2~~93 → 1 (193)

❸ 1636 − 858 = ~~88~~8 → 77 (778)

❹ 374 − 196 = ~~2~~78 → 1 (178)

❺ 464 − 319 = 1~~5~~5 → 4 (145)

❻ 1243 − 369 = ~~98~~4 → 87 (874)

❼ 943 − 782 = ~~2~~61 → 1 (161)

❽ 815 − 516 = ~~30~~9 → 29 (299)

❾ 751 − 497 = ~~34~~4 → 25 (254)

❿ 528 − 234 = ~~3~~94 → 2 (294)

⓫ 1063 − 645 = 4~~2~~8 → 1 (418)

받아내림한 수를 빠뜨리고 계산하는 경우가 종종 있습니다. 계산이 익숙해질 때까지 받아내림한 수를 기록하여 계산하도록 하는 것도 실수를 줄이는 하나의 방법입니다.

◑ 틀린 답을 찾아 바르게 고치시오.

(예) 659 − 268 = 391 / 641 − 425 = 216 / 1202 − 573 = ~~73~~9 → 62 (629) / 497 − 299 = 198

❶ 1104 − 735 = 369 / 987 − 129 = 858 / 622 − 367 = ~~3~~55 → 2 (255) / 345 − 164 = 181

❷ 686 − 493 = ~~2~~93 → 1 (193) / 1234 − 965 = 269 / 670 − 499 = 171 / 545 − 218 = 327

❸ 832 − 517 = 315 / 477 − 289 = 188 / 704 − 581 = 123 / 1613 − 837 = 7~~8~~6 → 7 (776)

527 체인지셈

◐ 색칠된 두 숫자를 바꾸어 계산하시오.

873 − 282 = 591 → 823 − 287 = 536

7과 2의 자리를 서로 바꾸어 식을 만듭니다. 823 − 287

❶ 1639 − 725 = 914 → 1632 − 795 = 837

9와 2의 자리를 서로 바꾸어 식을 만듭니다. 1632 − 795

❷ 592 − 391 = 201 → 512 − 399 = 113

❸ 849 − 565 = 284 → 869 − 545 = 324

❹ 373 − 198 = 175 → 337 − 198 = 139

❺ 1387 − 619 = 768 → 1387 − 691 = 696

❻ 563 − 291 = 272 → 513 − 296 = 217

❼ 975 − 483 = 492 → 935 − 487 = 448

월 일

◐ 다음 식은 숫자 두 개가 바뀐 것입니다. 바뀐 숫자에 ○표 하고 바르게 고치시오.

7③① − 4⑤⑦ = 318 → 735 − 417 = 318

3과 7의 자리를 서로 바꾸어도 됩니다.

❶ 1⑦46 − 58③ = 759 → 1346 − 587 = 759

❷ 45② − ⑧71 = 187 → 458 − 271 = 187

❸ 854 − ②6③ = 492 → 854 − 362 = 492

❹ 1⑤⑥7 − ④③8 = 909 → 1367 − 458 = 909

6과 4의 자리를 서로 바꾸어도 됩니다.

❺ ⑨2⑤ − ④3⑧ = 386 → 924 − 538 = 386

9와 8의 자리를 서로 바꾸어도 됩니다.

❻ 4⑤3 − 16② = 258 → 423 − 165 = 258

❼ ⑨⑧4 − ②⑥3 = 391 → 684 − 293 = 391

8과 2의 자리를 서로 바꾸어도 됩니다.

528 숫자 카드 벌레셈

월 일

◐ 다음 빈칸에 알맞은 수를 써넣으시오.

(예) 3 9 2 − 1 9 5 = 1 9 7

❶ 6 5 5 − 4 7 3 = 1 8 2

❷ 4 6 0 − 2 4 6 = 2 1 4

❸ 8 1 5 − 3 3 7 = 4 7 8

❹ 1 2 8 8 − 5 8 9 = 6 9 9

❺ 9 4 3 − 6 6 5 = 2 7 8

❻ 9 7 2 − 2 9 1 = 6 8 1

❼ 5 1 7 − 3 0 9 = 2 0 8

❽ 1 1 8 8 − 3 7 9 = 8 0 9

❾ 1 5 3 6 − 7 4 4 = 7 9 2

❿ 8 4 0 − 1 6 8 = 6 7 2

⓫ 7 6 1 − 2 9 3 = 4 6 8

◐ 숫자 카드를 한 번씩 모두 사용하여 뺄셈식을 완성하시오.

(예) 카드: 3, 5, 7, 8 → 5 2 7 − 3 4 1 = 1 8 6

❶ 카드: 2, 6, 7, 9 → 1 2 6 7 − 5 9 8 = 6 6 9

❷ 카드: 2, 3, 5, 6 → 3 6 1 − 2 2 5 = 1 3 6 (3 6 1 − 2 2 6 = 1 3 5)

❸ 카드: 1, 3, 4, 5 → 8 4 3 − 5 2 7 = 3 1 6

❹ 카드: 2, 5, 7, 8 → 7 4 5 − 2 6 3 = 4 8 2

❺ 카드: 0, 1, 3, 9 → 1 1 0 8 − 7 2 9 = 3 7 9

❻ 카드: 2, 2, 5, 8 → 8 4 5 − 6 2 7 = 2 1 8

❼ 카드: 3, 6, 7, 6 → 6 5 2 − 3 8 7 = 2 6 5

잘 공부했는지 알아봅시다

월 일

1 다음 계산을 하시오.

❶ $644 - 497 = 147$

❷ $581 - 134 = 447$

❸ $1403 - 765 = 638$

2 숫자 카드 중 네 장을 사용하여 뺄셈식을 완성하시오.

숫자 카드: 2, 3, 4, 6, 8

$8\boxed{4}2 - \boxed{3}5\boxed{6} = 4\boxed{8}6$

$8\boxed{8}2 - \boxed{4}5\boxed{6} = 4\boxed{2}6$

3 다음 식은 숫자 두 개가 바뀐 것입니다. 바뀐 숫자에 ○표 하고 바르게 고치시오.

❶ 7⑤① − 289 = 426 → 715 − 289 = 426

❷ ⑨62 − 54⑦ = 213 → 762 − 549 = 213

관계셈

월 일

◐ 덧셈식을 보고 뺄셈식을, 뺄셈식을 보고 덧셈식을 만드시오.

217+324=541

541 − [217] = [324]

541 − [324] = [217]

❶ 466+157=623

623 − [466] = [157]

623 − [157] = [466]

❷ 352+298=650

650 − [352] = [298]

650 − [298] = [352]

❸ 145+285=430

430 − [145] = [285]

430 − [285] = [145]

574−305=269

305 + [269] = [574]

269 + [305] = [574]

❹ 792−557=235

557 + [235] = [792]

235 + [557] = [792]

❺ 441−279=162

279 + [162] = [441]

162 + [279] = [441]

❻ 927−623=304

623 + [304] = [927]

304 + [623] = [927]

덧셈식 (부분)+(부분)=(전체)를 (전체)−(한 부분)=(다른 부분)으로 하여 뺄셈식으로 나타낼 수 있습니다.
역으로
뺄셈식 (전체)−(한 부분)=(다른 부분)은 (한 부분)+(다른 부분)=(전체)로 하여 덧셈식으로 나타낼 수 있습니다.

◈ □ 안에 알맞은 수를 써넣으시오.

[309] +465=774 ⟷ 774 − [465] =309

❶ [126] +521=647 ⟷ 647 − [521] =126

❷ [228] +187=415 ⟷ 415 − [187] =228

❸ [147] +206=353 ⟷ 353 − [206] =147

❹ [191] +615=806 ⟷ 806 − [615] =191

❺ [224] +364=588 ⟷ 588 − [364] =224

❻ [504] +408=912 ⟷ 912 − [408] =504

530 계단셈

월 일

◐ 빈칸에 알맞은 수를 써넣으시오.

391+517=908
237+154=391

		908
	391	+517
237	+154	

❶
434+359=793
114+320=434

		793
	434	+359
114	+320	

❷

		749
	564	+185
303	+261	

❸

		561
	434	+127
285	+149	

❹

		637
	519	+118
169	+350	

❺

		895
	737	+158
531	+206	

❻

		986
	622	+364
448	+174	

❼

		840
	735	+105
397	+338	

◐ 빈칸에 알맞은 수를 써넣으시오.

632−179=453
453−185=268

632		
−179	453	
	−185	268

❶
748−194=554
554−231=323

748		
−194	554	
	−231	323

❷

946		
−168	778	
	−557	221

❸

884		
−459	425	
	−136	289

❹

620		
−273	347	
	−144	203

❺

714		
−385	329	
	−263	66

❻

825		
−267	558	
	−509	49

❼

597		
−142	455	
	−278	177

531 도형 안의 수

◐ 같은 모양의 도형 안에 있는 수의 합을 구하시오.

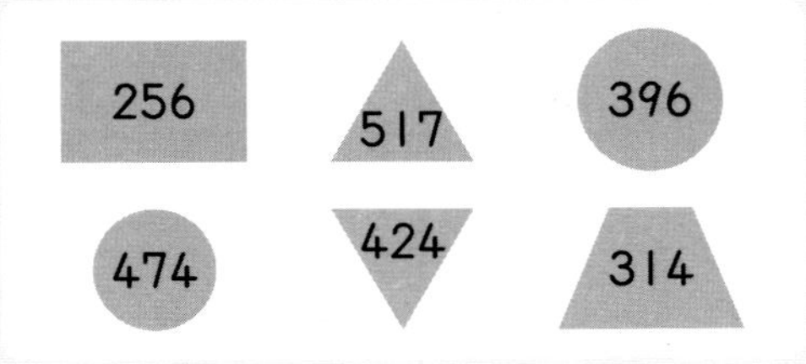

삼각형 : 941
517+424

사각형 : 570
256+314

원 : 870
396+474

❶

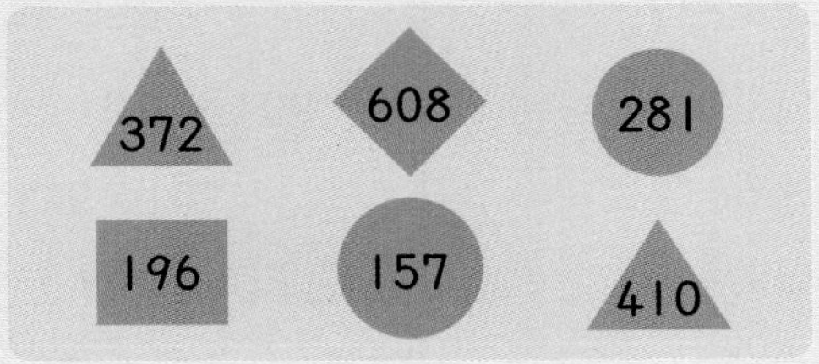

삼각형 : 782

사각형 : 804

원 : 438

❷

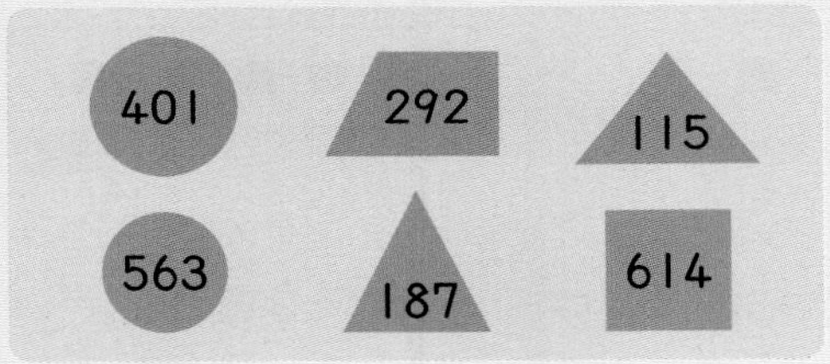

삼각형 : 302

사각형 : 906

원 : 964

◐ 같은 모양의 도형 안에 있는 수의 차를 구하시오.

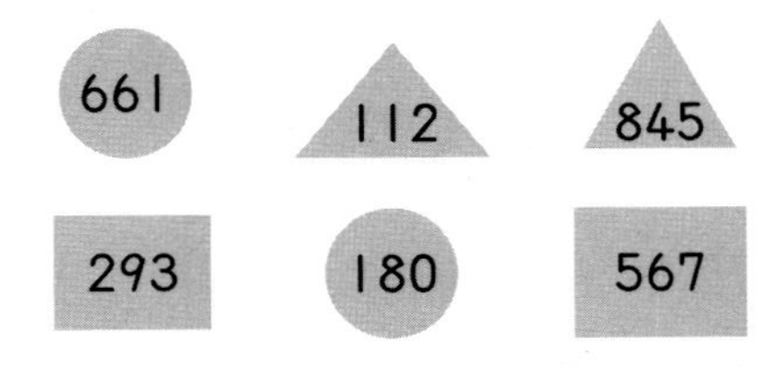

삼각형 : 733
845−112

사각형 : 274
567−293

원 : 481
661−180

❶

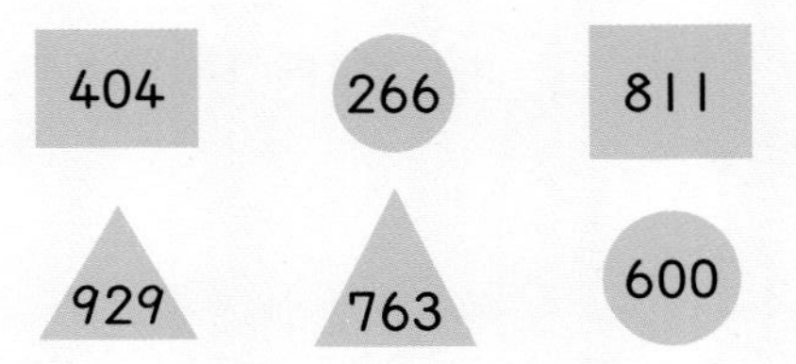

삼각형 : 166

사각형 : 407

원 : 334

❷

삼각형 : 457

사각형 : 563

원 : 642

532 약속셈

◐ 약속에 맞게 계산한 것입니다. 빈칸에 알맞은 수를 써넣으시오.

약속: ■⊙●=■+●+●

271⊙214
=271+ [214] +214
= [699]

136⊙108
= [136] +108+ [108]
= [352]

❶ 약속: ■◈●=■+■+●

335◈186
=335+ [335] +186
= [856]

197◈241
= [197] +197+ [241]
= [635]

❷ 약속: ■⊡●=■−●−●

648⊡257
=648− [257] −257
= [134]

871⊡329
= [871] −329− [329]
= [213]

❸ 약속: ■△●=■+■−●

406△532
=406+ [406] −532
= [280]

350△174
= [350] +350− [174]
= [526]

◐ 약속에 맞게 계산하시오.

약속: ■◈●=■+■+●

146◈369= [661] 146+146+369

208◈172= [588] 208+208+172

❶ 약속: ■⊡●=■−●−●

951⊡417= [117] 951−417−417

663⊡184= [295] 663−184−184

❷ 약속: ■⊙●=■+●+●

537⊙223= [983] 537+223+223

168⊙294= [756] 168+294+294

❸ 약속: ■△●=■+■−●

348△509= [187] 348+348−509

295△428= [162] 295+295−428

❹ 약속: ■⊙●=■+●+●

386⊙145= [676] 386+145+145

661⊙128= [917] 661+128+128

❺ 약속: ■⊡●=■−●−●

779⊡261= [257] 779−261−261

948⊡376= [196] 948−376−376

잘 공부했는지 알아봅시다

월 일

1 □ 안에 알맞은 수를 써넣으시오.

❶ 653－[218]＝435 ⟷ 218＋[435]＝653

❷ 864－[126]＝738 ⟷ 126＋[738]＝864

(전체)－(한 부분)＝(다른 부분)을 (부분)＋(부분)＝(전체)로 하여 덧셈식으로 나타낼 수 있습니다. ❶ 653－218＝435에서 전체는 653이고 부분은 218과 435입니다

2 다음 빈칸에 알맞은 수를 써넣으시오.

769	－272	497	＋133	630

769－272＝[497] 497＋133＝[630]

3 다음에서 설명하는 ㉠과 ㉡의 합은 얼마입니까? 701

㉠ 100이 1개, 10이 16개, 1이 26개
㉡ 100이 2개, 10이 20개, 1이 15개

㉠ 286 ㉡ 415
㉠＋㉡＝286＋415＝701

4 ⊙를 다음과 같이 약속할 때 574⊙367을 계산하시오. 781

약속

㉮⊙㉯＝㉮＋㉮－㉯

574⊙367＝574＋574－367＝781

533 어림하기

◐ 몇백으로 어림하여 계산한 다음, 실제 값과의 차를 구하시오.

	215+382	
어림한 값	600	200+400
실제 값	597	215+382
차	3	600−597

몇백으로 어림하면 215는 200, 382는 400입니다.

❶

	786−403
어림한 값	400
실제 값	383
차	17

몇백으로 어림하면 786은 800, 403은 400입니다.

❷

	178+526
어림한 값	700
실제 값	704
차	4

❸

	824−675
어림한 값	100
실제 값	149
차	49

❹

	479+291
어림한 값	800
실제 값	770
차	30

❺

	696−382
어림한 값	300
실제 값	314
차	14

월 일

◑ 몇백 몇십으로 어림하여 계산한 다음, 실제 값과의 차를 구하시오.

	141+168	
어림한 값	310	140+170
실제 값	309	141+168
차	1	310−309

몇백 몇십으로 어림하면 141은 140, 168은 170입니다.

❶

	548−276
어림한 값	270
실제 값	272
차	2

몇백 몇십으로 어림하면 548은 550, 276은 280입니다.

❷

	612+237
어림한 값	850
실제 값	849
차	1

❸

	891−458
어림한 값	430
실제 값	433
차	3

❹

	338+489
어림한 값	830
실제 값	827
차	3

❺

	726−567
어림한 값	160
실제 값	159
차	1

534 **대소셈**

◐ ○ 안에 >, =, <를 알맞게 써넣은 다음, 빈칸에 계산 결과를 쓰고 확인하시오.

276+139 (<) 431
[415]

❶ 724−131 (>) 576
[593]

❷ 928−412 (>) 498
[516]

❸ 132+344 (=) 476
[476]

❹ 458+157 (<) 652
[615]

❺ 801−678 (<) 143
[123]

❻ 579−219 (>) 330
[360]

❼ 442+336 (>) 769
[778]

❽ 203+781 (=) 984
[984]

❾ 917−445 (<) 490
[472]

월 일

◑ ○ 안에 >, =, <를 알맞게 써넣은 다음, 빈칸에 계산 결과를 쓰고 확인하시오.

852−370 (=) 264+218
[482] [482]

❶ 109+179 (>) 477−201
[288] [276]

❷ 433+193 (<) 879−152
[626] [727]

❸ 741−322 (<) 289+235
[419] [524]

❹ 670−211 (>) 276+130
[459] [406]

❺ 701+166 (=) 979−112
[867] [867]

❻ 187+395 (<) 961−317
[582] [644]

❼ 809−262 (>) 108+387
[547] [495]

❽ 645−414 (<) 134+188
[231] [322]

❾ 356+133 (>) 1267−831
[489] [436]

535 합과 차

◆ 두 수의 합과 차를 빈칸에 써넣으시오.

(예) 차: 8 (289−281), 두 수: 289, 281, 합: 570 (289+281)

❶ 차: 5 (464−459), 두 수: 464, 459, 합: 923 (464+459)

❷ 차: 3 (314−311), 두 수: 314, 311, 합: 625 (314+311)

❸ 차: 6, 두 수: 173, 167, 합: 340

❹ 차: 2, 두 수: 260, 258, 합: 518

❺ 차: 9, 두 수: 507, 498, 합: 1005

❻ 차: 1, 두 수: 385, 384, 합: 769

❼ 차: 7, 두 수: 179, 172, 합: 351

❽ 차: 4, 두 수: 432, 428, 합: 860

월 일

◆ 합과 차에 맞게 두 수를 구하여 큰 수부터 차례로 써넣으시오.

(예) 차: 2, 두 수: 163, 161, 합: 324

324를 똑같이 둘(162, 162)로 나눈 다음, 한 수에서는 차의 반인 1을 더하고, 한 수에서는 1을 뺍니다.
(162+1=163, 162−1=161)

❶ 차: 4, 두 수: 357, 353, 합: 710

710을 똑같이 둘(355, 355)로 나눈 다음, 한 수에서는 차의 반인 2를 더하고, 한 수에서는 2를 뺍니다.
(355+2=357, 355−2=353)

❷ 차: 7, 두 수: 224, 217, 합: 441

❸ 차: 1, 두 수: 481, 480, 합: 961

❹ 차: 3, 두 수: 309, 306, 합: 615

❺ 차: 8, 두 수: 192, 184, 합: 376

❻ 차: 9, 두 수: 233, 224, 합: 457

❼ 차: 6, 두 수: 355, 349, 합: 704

❽ 차: 5, 두 수: 490, 485, 합: 975

536 거꾸로셈

월 일

◐ ○ 안에 + 또는 −를, □ 안에는 알맞은 수를 써넣으시오.

(예) 566 → +242 → 808, 808 → ⊖ 242 → 566

❶ 511 → −368 → 143, 143 → ⊕ 368 → 511

❷ 921 → −407 → 514, 514 → ⊕ 407 → 921

❸ 383 → +259 → 642, 642 → ⊖ 259 → 383

❹ 688 → +213 → 901, 901 → ⊖ 213 → 688

❺ 760 → −581 → 179, 179 → ⊕ 581 → 760

◑ 빈칸에 알맞은 수를 써넣으시오.

(예) 353 → +588 → 941 → −512 → 429 (429 → +512 → 941 → −588 → 353)

거꾸로 계산하면 편리합니다. 거꾸로 계산할 때에는 덧셈은 뺄셈으로, 뺄셈은 덧셈으로 바꾸어 계산합니다.

❶ 452 → +113 → 565 → +231 → 796 (796 → −231 → 565 → −113 → 452)

❷ 762 → −169 → 593 → −328 → 265

❸ 295 → +435 → 730 → −264 → 466

❹ 547 → +105 → 652 → −472 → 180

❺ 611 → −298 → 313 → +152 → 465

❻ 324 → −186 → 138 → +611 → 749

❼ 199 → +121 → 320 → +547 → 867

잘 공부했는지 알아봅시다

월　일

1 몇백으로 어림하여 계산한 다음, 실제 값과의 차를 구하시오.

❶

	286+304
어림한 값	600
실제 값	590
차	10

❷

	987−594
어림한 값	400
실제 값	393
차	7

2 빈칸에 알맞은 수를 써넣으시오.

936 —(−689)→ 247 —(+266)→ 513
(+689, −266)

778 —(+457)→ 1235 —(−593)→ 642
(−457, +593)

3 ○ 안에 >, =, <를 알맞게 써넣으시오.

421−158 (<) 253+196
263　449

4 ㉠과 ㉡을 각각 구하시오. ㉠=210, ㉡=200

㉠+㉡=410　㉠−㉡=10

537 주사위 큰 합

월 일

◐ 계산 결과에 맞게 □ 안에 주사위의 눈의 수를 한 번씩 써넣으시오.

예시 답안 이외에도 같은 자리 숫자끼리 바꾸어 식을 완성할 수 있습니다.

(예시) $133 + 246 = 379$

$136 + 243 = 379$, $146 + 233 = 379$, $246 + 133 = 379$

❶ $151 + 234 = 385$

$154 + 231 = 385$, $134 + 251 = 385$, $234 + 151 = 385$

❷ $226 + 453 = 679$

❸ $135 + 645 = 780$

$315 + 465 = 780$

❹ $534 + 216 = 750$

❺ $325 + 562 = 887$

$235 + 652 = 887$

계산 결과가 가장 큰 덧셈식을 만들 때에는 큰 숫자부터 높은 자리에 적습니다.

◑ 계산 결과가 가장 크도록 주사위의 눈의 수를 한 번씩 써넣고, 합을 구하시오.

같은 자리 숫자끼리 바꾸어 식을 완성할 수 있습니다. 따라서 계산 결과가 맞으면 정답입니다.

(예시) $541 + 431 = 972$

$531 + 441 = 972$, $441 + 531 = 972$, $431 + 541 = 972$

❶ $422 + 321 = 743$

$421 + 322 = 743$, $322 + 421 = 743$, $321 + 422 = 743$

❷ $631 + 321 = 952$

❸ $443 + 432 = 875$

❹ $543 + 542 = 1085$

❺ $632 + 521 = 1153$

538 과녁 큰 차

월 일

◐ 과녁에 6개의 화살을 쏘았습니다. 계산 결과에 맞게 □ 안에 과녁에 꽂힌 수를 써넣으시오.

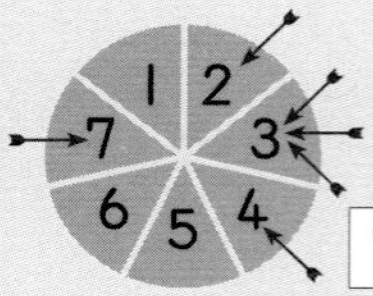

$732 - 433 = 299$

❶ 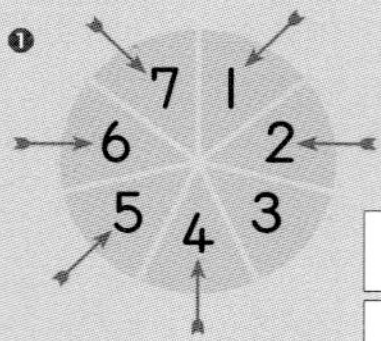

$715 - 264 = 451$

$625 - 174 = 451$

❷ 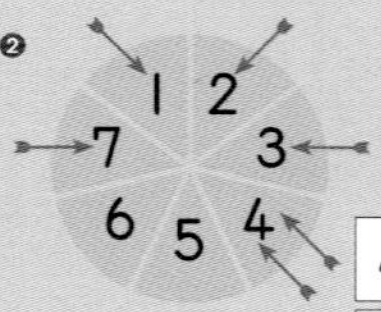

$447 - 312 = 135$

❸ 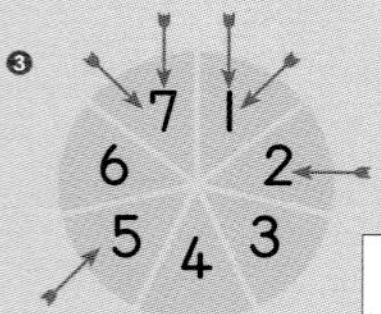

$511 - 277 = 234$

❹ 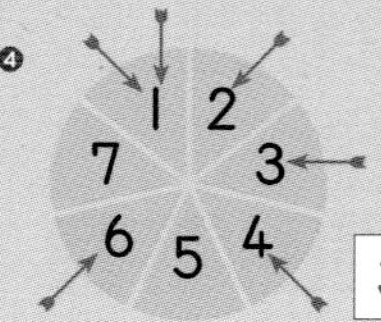

$342 - 116 = 226$

❺ 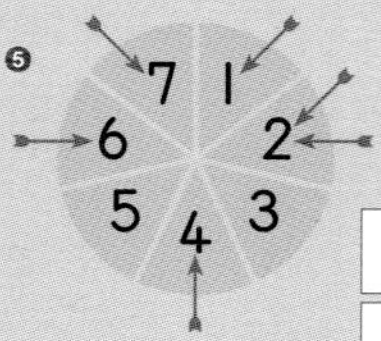

$761 - 242 = 519$

계산 결과가 가장 큰 세 자리 수의 뺄셈식은 만들 수 있는 가장 큰 세 자리 수에서 만들 수 있는 가장 작은 세 자리 수를 빼서 만듭니다.

◈ 계산 결과가 가장 크도록 과녁에 꽂힌 수를 한 번씩 써넣고, 차를 구하시오.

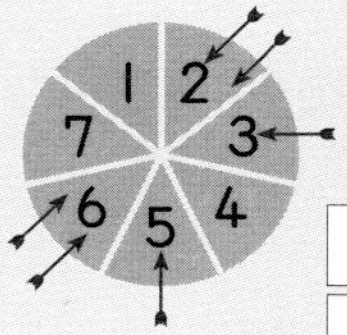

$665 - 223 = 442$

❶ 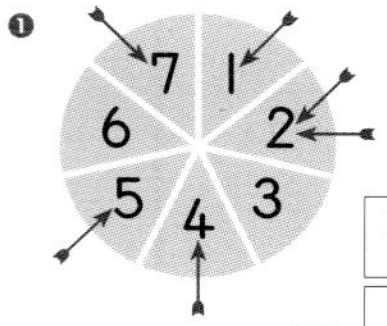

$754 - 122 = 632$

❷ 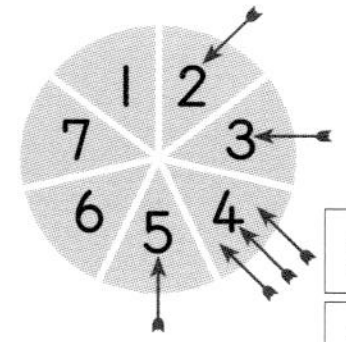

$544 - 234 = 310$

❸ 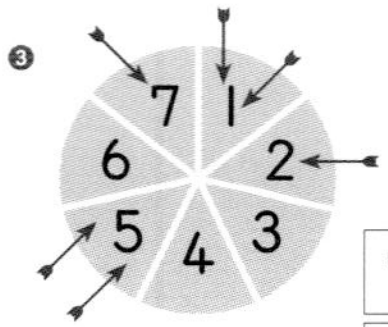

$755 - 112 = 643$

❹ 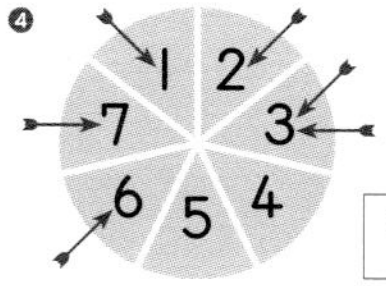

$763 - 123 = 640$

❺ 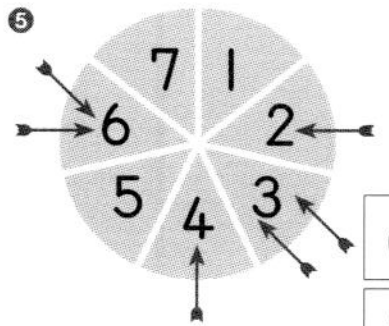

$664 - 233 = 431$

539 숫자 카드 합과 차

◐ 숫자 카드를 한 번씩 사용하여 만들 수 있는 가장 큰 수와 가장 작은 수의 합과 차를 구한 것입니다. 빈칸에 알맞은 수를 써넣으시오.

가장 큰 수는 큰 숫자부터 높은 자리에 써서 만듭니다.
가장 작은 수는 작은 숫자부터 높은 자리에 써서 만듭니다.
단, 0은 가장 높은 자리에 놓을 수 없습니다.

숫자 카드: 4 5 7

가장 큰 수 : 754
가장 작은 수 : 457

$754 + 457 = 1211$, $754 - 457 = 297$

❶ 숫자 카드: 5 3 1

가장 큰 수 : 531
가장 작은 수 : 135

$531 + 135 = 666$, $531 - 135 = 396$

❷ 숫자 카드: 2 6 5

$652 + 256 = 908$, $652 - 256 = 396$

❸ 숫자 카드: 8 6 3

$863 + 368 = 1231$, $863 - 368 = 495$

월 일

⊕ 네 장의 숫자 카드 중 3장을 각각 한 번씩 사용하여 만들 수 있는 세 자리 중에서 가장 큰 수와 가장 작은 수의 합과 차를 구하시오.

숫자 카드: 0 2 6 8

$862 + 206 = 1068$, $862 - 206 = 656$

가장 큰 수를 만들 때에는 가장 작은 숫자 '0'을 사용하지 않고, 가장 작은 수를 만들 때에는 가장 큰 숫자 '8'을 사용하지 않습니다.
가장 큰 수 : 862, 가장 작은 수 : 206

❶ 숫자 카드: 1 3 4 7

$743 + 134 = 877$, $743 - 134 = 609$

가장 큰 수를 만들 때에는 가장 작은 숫자 '1'을 사용하지 않고, 가장 작은 수를 만들 때에는 가장 큰 숫자 '7'을 사용하지 않습니다.
가장 큰 수 : 743, 가장 작은 수 : 134

❷ 숫자 카드: 5 0 2 9

$952 + 205 = 1157$, $952 - 205 = 747$

❸ 숫자 카드: 8 4 3 7

$874 + 347 = 1221$, $874 - 347 = 527$

540 숫자 카드 목표수

● 식에 맞게 왼쪽 숫자 카드를 한 번씩 써넣으시오.

덧셈식은 같은 자리 숫자끼리 바꾸어 식을 완성할 수 있습니다.

카드: 1, 3, 4, 5, 7, 8

$143 + 587 = 730$　　$147 + 358 = 505$

❶ 카드: 0, 2, 3, 6, 8, 9

$609 - 328 = 281$　　$968 - 203 = 765$

❷ 카드: 1, 2, 5, 6, 7, 9

$912 + 567 = 1479$　　$791 - 526 = 265$

❸ 카드: 0, 1, 3, 4, 8, 7

$304 + 178 = 482$　　$731 + 480 = 1211$　　$370 + 841 = 1211$

● 조건에 맞게 숫자 카드를 한 번씩 써넣고, 계산하시오.

덧셈식은 같은 자리 숫자끼리 바꾸어 식을 완성할 수 있습니다. 예시 답안과 계산 결과가 같으면 정답입니다.

카드: 8, 7, 1, 6, 3, 4

조건: 합이 가장 크게　$863 + 741 = 1604$

조건: 합이 가장 작게　$148 + 367 = 515$

❶ 카드: 0, 1, 3, 8, 5, 6

조건: 차가 가장 크게　$865 - 103 = 762$

조건: 차가 가장 작게　$601 - 583 = 18$

❷ 카드: 2, 6, 5, 4, 7, 9

조건: 합이 가장 크게　$964 + 752 = 1716$

조건: 차가 가장 크게　$976 - 245 = 731$

잘 공부했는지 알아봅시다

월 일

1 숫자 카드를 한 번씩 사용하여 만들 수 있는 세 자리 수 중에서 가장 큰 수와 가장 작은 수의 합을 구하시오.

❶ 3 0 5 8 → 1158

853+305=1158

❷ 9 1 2 4 → 1066

942+124=1066

2 하나의 ▭ 안에 들어 있는 수의 합이 ● 안의 수와 같을 때 □ 안에 알맞은 수를 써넣으시오.

① 423+139=562

③ 210+352=562

② 139+213+210=562

562: 423, ① 139, 210, ② 213, ③ 352

3 숫자 카드를 한 번씩 사용하여 조건에 맞는 식을 만들고 계산하시오.

덧셈식에서 같은 자리 숫자끼리 바꾸어 식을 완성할 수 있습니다.

7 1 6 4 9 2

조건: 차가 가장 크게

$$976 - 124 = 852$$

조건: 합이 가장 크게

$$961 + 742 = 1703$$

541 문장제

◐ 문제에 맞게 식의 □ 안에 알맞은 수를 써넣으시오.

민호는 줄넘기를 147개 하였습니다. 정수는 민호보다 119개를 더 많이 했습니다. 정수는 줄넘기를 몇 개 하였습니까?

식 : 147 + 119 = 266 (개) 답 : 266 개

❶ 불국사 석가탑의 높이는 1075cm, 첨성대의 높이는 917cm입니다. 석가탑은 첨성대보다 몇 cm 더 높습니까?

식 : 1075 - 917 = 158 (cm) 답 : 158 cm

❷ 고려는 918년 태조 왕건에 의해 건국되었고, 474년 후 조선이 건국될 때까지 지속되었습니다. 조선이 건국된 해는 몇 년입니까?

식 : 918 + 474 = 1392 (년) 답 : 1392 년

❸ KTX 열차에 498명이 타고 있었습니다. 정류장에서 115명이 내리고, 286명이 탔습니다. 지금 열차에 타고 있는 사람은 모두 몇 명입니까?

식 : 498 - 115 + 286 = 669 (명) 답 : 669 명

❹ 용돈으로 485원을 받아서 125원으로 사탕을 사고, 칠판을 닦아서 247원을 벌었습니다. 남은 돈은 얼마입니까?

식 : 485 - 125 + 247 = 607 (원) 답 : 607 원

월 일

◑ 식과 답을 쓰시오.

정호는 줄넘기를 247개 하였고, 소정이는 정호보다 109개 더 적게 하였습니다. 소정이는 줄넘기를 몇 개 하였습니까?

식 : 247－109＝138(개) 답 : 138 개

❶ 어느 라디오 프로그램이 오늘 486회째 방송을 합니다. 이 프로그램이 매일 하는 방송이라고 할 때 일년 후에는 몇 회째 방송을 하게 됩니까? 단, 일년은 365일입니다.

식 : 486＋365＝851(회) 답 : 851 회

❷ 대한민국의 명산으로 꼽히는 지리산의 높이는 1915m, 북한산의 높이는 837m입니다. 지리산은 북한산보다 몇 m 더 높습니까?

식 : 1915－837＝1078(m) 답 : 1078 m

❸ KTX 열차에 758명이 타고 있었습니다. 첫 번째 정류장에서 175명이 내리고 48명이 탔습니다. 지금 열차에 타고 있는 사람은 모두 몇 명입니까?

식 : 758－175＋48＝631(명) 답 : 631 명

❹ 알뜰 시장에서 봉사활동을 하여 376원을 벌었고, 지우개를 하나 사서 269원을 썼습니다. 처음 가지고 있던 돈이 485원이라면 남은 돈은 얼마입니까?

식 : 485＋376－269＝592(원) 답 : 592 원

542 표 문장제

● 2, 3학년 학생 중 안경을 쓴 학생을 조사하여 만든 표입니다. 표를 보고, 물음에 알맞은 식과 답을 쓰시오.

〈안경을 쓴 학생 수〉

	남학생	여학생
2학년	154	198
3학년	178	183

안경을 쓴 남학생은 몇 명입니까?

식 : 154+178=332(명) 답 : 332 명

❶ 안경을 쓴 여학생은 몇 명입니까?

식 : 198+183=381(명) 답 : 381 명

❷ 안경을 쓴 3학년 학생은 몇 명입니까?

식 : 178+183=361(명) 답 : 361 명

❸ 2학년 학생 중에서 안경을 쓴 여학생은 안경을 쓴 남학생보다 몇 명 더 많습니까?

식 : 198−154=44(명) 답 : 44 명

❹ 안경을 쓴 여학생은 안경을 쓴 남학생보다 몇 명 더 많습니까?

식 : 381−332=49(명) 답 : 49 명

● 2, 3, 4학년 학생이 청군과 백군으로 나누어 경기를 하였습니다. 표를 보고, 물음에 알맞은 식과 답을 쓰시오.

〈청군, 백군 학생 수〉

	청군	백군
2학년	215	264
3학년	284	218
4학년	239	247

2학년 학생 수는 몇 명입니까?

식 : 215+264=479(명) 답 : 479 명

❶ 3학년 학생 수는 몇 명입니까?

식 : 284+218=502(명) 답 : 502 명

❷ 3학년 학생은 2학년 학생보다 몇 명 더 많습니까?

식 : 502−479=23(명) 답 : 23 명

❸ 2, 3, 4학년 학생 중 청군과 백군은 각각 모두 몇 명입니까?

식 : (청군)215+284+239=738(명) 답 : (청군) 738 명

(백군)264+218+247=729(명) (백군) 729 명

❹ 청군과 백군 중 어느 쪽이 몇 명 더 많습니까?

식 : 738−729=9(명) 답 : 청 군, 9 명

543 그림 지도

● 그림 지도를 보고 물음에 답하시오.

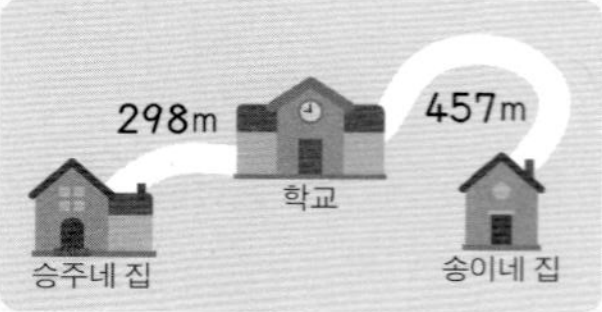

학교에서 누구네 집이 몇 m 더 멉니까?

송이 네, 159 m

457−298=159(m)

❶ 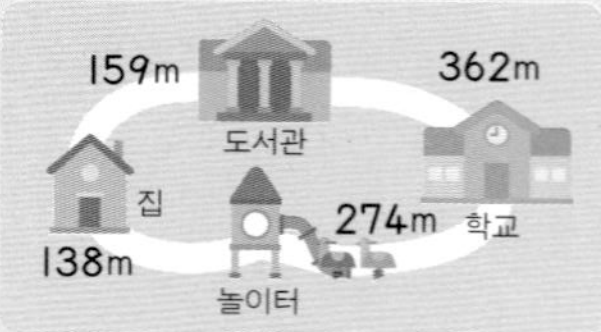

집에서 도서관을 들러 학교까지 가려고 합니다. 몇 m를 가야 합니까?

521 m

❷ 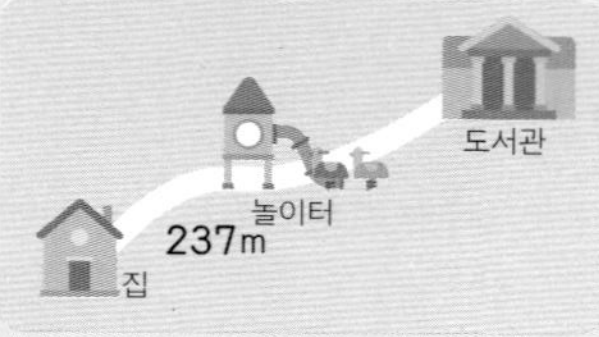

집에서 놀이터를 거쳐 도서관까지의 거리가 561m입니다. 집에서 놀이터까지의 거리가 237m일 때, 놀이터에서 도서관까지의 거리는 몇 m입니까?

324 m

❸ 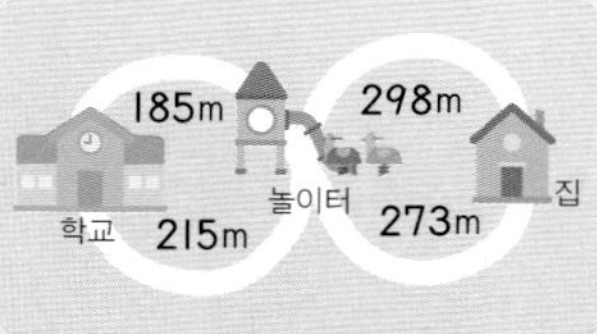

학교에서 집까지 가는 가장 빠른 길의 거리는 몇 m입니까?

458 m

월 일

● 어느 마을의 그림 지도입니다. 물음에 답하시오.

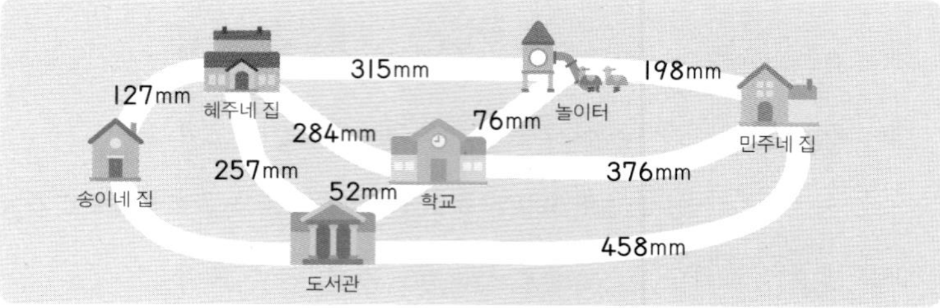

혜주네 집에서 출발하여 학교에 들렀다가 민주네 집으로 가려면 몇 m를 가야 합니까? 단, 다른 곳에는 들르지 않습니다.

식 : 284+376=660(m) 답 : 660 m

❶ 민주네 집에서 도서관을 거쳐 송이네 집까지의 거리가 613m입니다. 도서관에서 송이네 집까지의 거리는 몇 m입니까?

식 : 613−458=155(m) 답 : 155 m

❷ 혜주네 집에서 출발하여 도서관과 학교를 거쳐 민주네 집에 가려고 합니다. 모두 몇 m를 가야 합니까?

식 : 257+52+376=685(m) 답 : 685 m

544 바르게 계산하기

◐ 어떤 수를 □를 사용한 식으로 나타내고 구하시오.

어떤 수에 286을 더하였더니 756이 되었습니다. 어떤 수는 얼마입니까?

식 : □+286=756 어떤 수 : 470

❶ 어떤 수에 305를 더하였더니 754가 되었습니다. 어떤 수는 얼마입니까?

식 : □+305=754 어떤 수 : 449

❷ 892에서 어떤 수를 뺐더니 453이 되었습니다. 어떤 수는 얼마입니까?

식 : 892−□=453 어떤 수 : 439

❸ 어떤 수에서 191을 빼면 285입니다. 어떤 수는 얼마입니까?

식 : □−191=285 어떤 수 : 476

❹ 761과 어떤 수의 합은 980입니다. 어떤 수는 얼마입니까?

식 : 761+□=980 어떤 수 : 219

❺ 어떤 수와 125의 차는 451입니다. 어떤 수는 얼마입니까?

식 : □−125=451 어떤 수 : 576

◐ 바르게 계산하고, 잘못 계산된 결과와의 차가 얼마인지 구하시오.

어떤 수에서 268을 빼야 하는데 잘못하여 268을 더했더니 702가 나왔습니다.

식 : □+268=702
어떤 수 : 434
바른 계산 : 434−268=166
차 : 702−166=536

❶ 어떤 수에 156을 더해야 하는데 잘못하여 156을 뺐더니 243이 나왔습니다.

식 : □−156=243
어떤 수 : 399
바른 계산 : 399+156=555
차 : 555−243=312

❷ 어떤 수에서 312를 빼야 하는데 잘못하여 312를 더했더니 648이 되었습니다.

식 : □+312=648
어떤 수 : 336
바른 계산 : 336−312=24
차 : 648−24=624

잘 공부했는지 알아봅시다

월 일

1 과수원에서 이틀 동안 딴 사과의 개수를 바르게 고치시오.

지우네 과수원에서 어제는 사과를 326개 따고, 오늘은 168개를 따서, 이틀 동안 ~~810~~ 494개를 땄습니다.

326+168=494

2 376에서 어떤 수를 빼야 하는데 잘못하여 더했더니 723이 되었습니다. 바르게 계산하시오. 29

376+□=723
□=723−376=347
376−347=29

3 다음 표는 슈퍼마켓에서 어제와 오늘 판 빵과 우유의 개수입니다. 이틀 동안 빵과 우유 중 어느 것이 몇 개 더 팔렸습니까? 빵이 43개 더 팔렸습니다.

	어제	오늘
빵(개)	293	376
우유(개)	321	305

빵 293+376=669(개)
우유 321+305=626(개)
669−626=43(개)

4 다음을 읽고 ■ 안의 수를 빈칸에 알맞게 써넣으시오.

676−234+437=879(명)

강당에 676 명의 학생이 있었습니다. 강당에서 234 명의 학생이 나가고, 다시 437 명이 들어와서 처음보다 많은 879 명이 되었습니다.

676 879
234 437